2019年主题出版重点出版物
"十三五"国家重点出版物出版规划项目
新时代马克思主义经典文献精学导读丛书　主编/顾海良

《关于正确处理人民内部矛盾的问题》精学导读

李佑新　陈　龙◎著

科学出版社
北京

内 容 简 介

《关于正确处理人民内部矛盾的问题》是以毛泽东为代表的中国共产党人探索社会主义建设道路的最为重要的理论成果之一。本书是对《关于正确处理人民内部矛盾的问题》的导读，重点介绍了这本著作产生的历史背景、形成过程、理论内容以及传播与影响，尤其是系统化地论述了新时代共产党人对正确处理人民内部矛盾思想的传承与发展。

本书适合马克思主义理论类专业的本科生、研究生，以及广大党员干部和对马克思主义理论感兴趣的人士阅读。

图书在版编目（CIP）数据

《关于正确处理人民内部矛盾的问题》精学导读 / 李佑新，陈龙著. —北京：科学出版社，2019.11
（新时代马克思主义经典文献精学导读丛书/顾海良主编）
"十三五"国家重点出版物出版规划项目
ISBN 978-7-03-063494-8

Ⅰ. ①关… Ⅱ. ①李… ②陈… Ⅲ. ①《关于正确处理人民内部矛盾的问题》-毛泽东著作研究 Ⅳ. ①A841.26

中国版本图书馆 CIP 数据核字（2019）第 260830 号

责任编辑：刘英红 / 责任校对：贾娜娜
责任印制：张 伟 / 封面设计：润一文化

科学出版社 出版
北京东黄城根北街16号
邮政编码：100717
http://www.sciencep.com

天津市新科印刷有限公司 印刷
科学出版社发行 各地新华书店经销

*

2019年11月第 一 版 开本：720×1000 1/16
2022年 9月第三次印刷 印张：16 1/4
字数：150 000
定价：45.00 元
（如有印装质量问题，我社负责调换）

丛书编委会

主编： 顾海良

成员： （以姓氏拼音字母为序）

艾四林　陈锡喜　丰子义　李佑新

刘　军　佘双好　孙蚌珠　孙代尧

孙来斌　孙熙国　王　东　王宏波

王树荫　肖贵清　徐俊忠　张雷声

总　　序

"新时代马克思主义经典文献精学导读"是根据新时代学习马克思主义经典著作的需要，对各主要的经典著作所蕴含的马克思主义基本原理及其精神实质作出学习和研究性导读。

马克思主义基本原理是马克思主义的理论精粹，体现了马克思主义的根本性质和整体特征，体现了马克思主义立场观点方法的核心要义，体现了马克思主义科学性、人民性、实践性和时代性的思想特征。习近平总书记指出："掌握马克思主义，最重要的是掌握它的精神实质，运用它的立场、观点、方法和基本原理分析解决实际问题。"①在坚持和发展中国特色社会主义中，我们说"老祖宗"不能丢，在根本上就是马克思主义基本原理不能丢。

马克思主义基本原理深刻地蕴含于马克思主义经典著作之中；马克思主义经典著作是马克思主义基本原理的思想本源和理论基础。同时，马克思主义经典著作也蕴藏着马克思主义经典作家汲取人类探索真理的丰富的思想成果，深刻展现了马克思主义经典作家攀登科学高峰、矢志追求真理的精神境界。深入研读马克思主义经典著作是理解和掌握马克思主义基本原

---

① 习近平：《中国共产党90年来指导思想和基本理论的与时俱进及历史启示》，《学习时报》2011年6月27日。

《关于正确处理人民内部矛盾的问题》精学导读

理的必修课,也是理解和掌握马克思主义理论体系的基本功。如习近平总书记所指出的:"共产党人要把读马克思主义经典、悟马克思主义原理当作一种生活习惯、当作一种精神追求,用经典涵养正气、淬炼思想、升华境界、指导实践。"①

"马克思主义就是我们共产党人的'真经','真经'没念好,总想着'西天取经',就要贻误大事!"②在提到学习《共产党宣言》的重要意义时,习近平总书记提出:"广大党员、干部特别是高级干部要学好用好《共产党宣言》等马克思主义经典著作,坚持学以致用、用以促学,原原本本学、熟读精思、学深悟透,熟练掌握马克思主义立场、观点、方法,不断提高马克思主义理论素养。"③理论联系实际,在深化马克思主义经典著作研究阐释中,"推进经典著作宣传普及,让理论为亿万人民所了解所接受,画出最大的思想同心圆。"④

"新时代马克思主义经典文献精学导读"对各经典著作的研究阐释,由北京大学、中国人民大学、北京师范大学等高校马克思主义学院从事马克思主义经典著作教学和研究的学者担纲。在对各经典著作的研究阐释中,首先力求对各经典著作形成的社会和历史条件作出准确解读,凸显相应的马克思主义基

---

① 《十九大以来重要文献选编》上,中央文献出版社 2009 年版,第 434 页。
② 《习近平关于全面从严治党论述摘编》,中央文献出版社 2016 年版,第 66 页。
③ 习近平:《中国共产党是〈共产党宣言〉精神忠实传人》,《人民日报》2018 年 4 月 25 日。
④ 习近平:《深刻感悟和把握马克思主义真理力量 谱写新时代中国特色社会主义新篇章》,《人民日报》2018 年 4 月 25 日。

总　序

本原理形成和发展的思想基础和理论背景；其次力求对各经典著作理论内涵和精神实质作出系统导读，彰显新时代学习和实践相应的马克思主义基本原理的理论意义和现实意义；最后力求对经典著作中体现的科学原理和科学精神相结合的思想特征作出全面论述，更为深刻地理解"历史和人民选择马克思主义是完全正确的，中国共产党把马克思主义写在自己的旗帜上是完全正确的，坚持马克思主义基本原理同中国具体实际相结合、不断推进马克思主义中国化时代化是完全正确的"[①]。

"要以科学的态度对待科学，以真理的精神追求真理，不断赋予马克思主义以新的时代内涵。"[②]习近平新时代中国特色社会主义思想就是当代中国马克思主义，就是21世纪马克思主义。学习马克思主义经典著作，要同学习习近平新时代中国特色社会主义思想结合起来。在这一结合中，更为深刻地理解习近平新时代中国特色社会主义思想，更有定力、更有信心，也更加自觉、更加自信地坚持和发展新时代中国特色社会主义，确保中华民族伟大复兴的巨轮始终沿着正确航向破浪前行。

顾海良

2019年11月1日

---

① 《十九大以来重要文献选编》上，中央文献出版社2009年版，第427—428页。
② 习近平：《深刻感悟和把握马克思主义真理力量 谱写新时代中国特色社会主义新篇章》，《人民日报》2018年4月25日。

前　言

正确认识和把握矛盾，特别是正确把握和处理社会实践中的矛盾，既需要实践智慧，也需要理论支撑。

1957年2月27日，毛泽东在最高国务会议第十一次（扩大）会议上，围绕社会主义社会的矛盾问题，发表了一个长篇讲话。其后，毛泽东又对这篇讲话稿做了数次整理、修改、补充和完善。1957年6月19日，《人民日报》公开发表了这篇经过多次修改完善的讲话稿。这篇著名的讲话稿题为《关于正确处理人民内部矛盾的问题》。

《关于正确处理人民内部矛盾的问题》与《论十大关系》一起，被认为是毛泽东探索社会主义建设道路的最为重要的两大理论成果。在这部理论著作中，毛泽东运用马克思主义的分析方法，不仅系统分析了社会主义社会发展的一般规律和社会主义社会的矛盾，而且对社会主义矛盾的存在形态、性质、特点及解决路径与方法等，都进行了全面细致的科学阐释，在当时具有十分紧迫的意义，对于分析和处理我国社会主义改造基本完成后的国家政治生活状况和社会矛盾发挥了重要指导作用。毛泽东的这部著作，不仅丰富了马克思主义的认识论和方法论,而且为正确处理社会主义社会的各种矛盾问题、协调不同利益群体之间的社会关系、创造有利于社会主义发展建设的良好政治局面和社会环境,提供了基本的理论依据,在科学社会主义发展史上具有重要地位。

在新的历史条件下,随着全面深化改革的不断推进,以及改革开放步伐的不断推进,多元化的利益主体、分配方式等不断发展,各种价值观念、思想思潮不断交流交融交锋,出现了许多过去没有过的新情况、新问题、新矛盾,人民内部矛盾具有了新的时代特点。这就要求我们开阔视野,与时俱进,在探索解决新矛盾、新问题的新方法和新举措时,不断从已有的经典理论中开掘出新的思路。实际上,毛泽东当年所做的一些基本判断,提出的一些基本方针和原则,如"团结—批评—团结""统筹兼顾、适当安排""百花齐放、百家争鸣""长期共存、互相监督"等,在处理今天不同领域内的人民内部矛盾时,仍然具有重要的借鉴和指导作用。

目　录

第一章　多事之秋 ………………………………………… 1
　　一、国际共产主义运动中的大事件 ………………… 1
　　二、1956年下半年国内出现的新问题 ……………… 6
　　三、社会主义改造后的主要矛盾和任务的转变 …… 11
第二章　从最高国务会议上的讲话到十三稿的修改 …… 15
　　一、"在心里积累了很久" ………………………… 15
　　二、最高国务会议第十一次（扩大）会议上的讲话 … 32
　　三、"我变成了一个游说先生" …………………… 40
　　四、十三稿的修改（三个阶段） …………………… 53
第三章　关于社会主义社会矛盾的一系列重大理论问题 … 75
　　一、"正是这些矛盾推动着我们的社会向前发展" … 75
　　二、性质完全不同的两类矛盾 ……………………… 99
　　三、国家政治生活的主题 …………………………… 136
第四章　人民内部矛盾的主要表现与处理方法 ………… 156
　　一、总的处理原则：团结—批评—团结 …………… 156
　　二、经济领域中的表现与处理方法 ………………… 163
　　三、政治和社会领域中的表现与处理方法 ………… 168
　　四、思想文化领域中的表现与处理方法 …………… 175

《关于正确处理人民内部矛盾的问题》精学导读

第五章 "我们如何帮助他们适应新社会"……………182
    一、民主党派……………………………………182
    二、知识分子……………………………………186
    三、少数民族……………………………………190
    四、少数闹事群众………………………………196

第六章 《关于正确处理人民内部矛盾的问题》的传播与
影响…………………………………………………202
    一、《关于正确处理人民内部矛盾的问题》的
国内刊载情况……………………………………202
    二、《关于正确处理人民内部矛盾的问题》的
国际传播情况……………………………………207
    三、《关于正确处理人民内部矛盾的问题》的
理论价值…………………………………………214

第七章 新时代对正确处理人民内部矛盾思想的传承与
发展…………………………………………………224
    一、新时代的国内外环境………………………224
    二、对正确处理人民内部矛盾思想的学习与继承……226
    三、对正确处理人民内部矛盾思想的探索与创新……234

第一章 多事之秋

一、国际共产主义运动中的大事件

1956年,被毛泽东称为"多事之秋"。国际上,共产主义运动风波迭起,一些社会主义国家在各自的发展过程中逐渐暴露出一些较为严重的问题和矛盾,处境艰难。其中,1956年上半年召开的苏联共产党第二十次代表大会(简称苏共二十大),以及下半年发生的波兰事件和匈牙利事件是这一年国际上特别是社会主义阵营内最为引人注目的大事件。

1956年2月14—25日,苏联共产党在1953年斯大林逝世后,召开了苏共二十大,包括中国共产党在内的世界多国共产党都派代表出席了这次大会。大会的一项重要内容,就是揭露和批判斯大林的个人崇拜问题,包括米高扬在内的苏联共产党(简称苏共)中央的一些领导人,都在大会发言中明确反对个人崇拜问题。

2月24日晚至25日晨,赫鲁晓夫突然在会议快要结束时作了长达四个半小时的题为《关于个人崇拜及其后果》的"秘密报告",严肃批评了斯大林在肃反问题、个人崇拜问题、民族问题等方面所犯的严重错误，全盘否定了曾为国际共产主义运动重要人物的斯大林。

赫鲁晓夫的这份"秘密报告"，首先在西方国家公开披露出来，而包括中国共产党代表团在内的各国共产党代表团，都是事后得到苏联方面的通报才知晓的。6月4日，美国国务院率先公开了赫鲁晓夫的这份"秘密报告"，美国《纽约时报》随即在当日转载了全文。该"秘密报告"一经披露，迅即引起了世界范围内特别是社会主义国家内部的巨大震动。美国等西方国家借机掀起了一股世界范围内的反苏、反共浪潮，一些资本主义国家的共产党员纷纷要求退党；许多社会主义国家则围绕对斯大林的评价问题产生了争议，共产主义信仰动摇。故此，国际共产主义运动遭受了重大波折。

对于赫鲁晓夫在苏共二十大上对斯大林全盘否定式的批判，毛泽东是持反对态度的，认为赫鲁晓夫在这个问题上"捅娄子"了。他认为，斯大林错误的一面必须纠正，但正确的一面也不能抹杀，强调应该实事求是地评价斯大林的历史功过。为此，1956年3月，毛泽东主持召开中央政治局会议，针对赫鲁晓夫的"秘密报告"和斯大林问题展开讨论，并起草了《关于无产阶级专政的历史经验》。更进一步地，毛泽东认为苏共二十大破除了人们对苏联的绝对迷信，"揭了盖子"，解放了我们的思想。他敏锐地看到，斯大林所犯错误中的一个重要方面，就是否认社会主义社会存在矛盾。我们应当认真反思和吸取斯大林的教训，在社会主义建设中少走弯路。

第一章 多事之秋

1956年6月,在苏共二十大召开之后不久,波兹南事件爆发。其起因是波兰采取的苏联模式在国民收入分配上注重高积累、低消费,人民生活得不到保障,再加上波兰政府严重的官僚主义,波兹南的工人于6月底进行了大规模的罢工和游行,并一度爆发了与政府间的暴力冲突,波兰统一工人党政治局派军队镇压才得以恢复秩序。据官方统计,波兹南事件造成了包括8名军警在内的75人死亡,800人受伤,658人被拘捕,直接物质损失高达波币350亿兹罗提等后果。①波兹南事件后,波兰国内形势极度困难、复杂和紧张,社会不满情绪不断高涨,要求深入改革的呼声四起。波兰统一工人党领导层内部的对立和分裂日益突出,党的中层干部和基层党员人心浮动。在这样的背景下,波兰统一工人党于1956年7月18日召开七中全会,试图摆脱波兹南事件的困扰,总结这次事件的教训。这次会议历时10天(中间因国庆活动休会两天),是波兰统一工人党成立以来召开时间最长的一次中央全会。会上围绕国内政治形势讨论激烈,先后有105人发言、发表声明或发表更正,会议速记稿就达1500余页。这次全会提出了要加强政治生活的民主化等相关改革举措,并计划在当年10月即将召开的二届八中全会,选举"有右翼民主主义倾向"的哥穆尔卡为波兰统一工人党中央第一书记。

波兰局势的发展使赫鲁晓夫非常紧张,一边率苏共代表团

---

① 刘彦顺:《波兰十月风暴》,世界知识出版社2008年版,第87页。

强行参加波兰统一工人党召开的八中全会,一边调集驻扎在波兰及其附近的苏军往华沙等地区移动,苏波关系迅速紧张起来。针对波兰问题,1956年10月21—22日,毛泽东在中南海颐年堂先后主持召开了中央政治局常委(扩大)会议和政治局会议进行讨论。最后,中共中央决定应苏共中央的邀请,派遣由刘少奇、邓小平、王稼祥、胡乔木组成的中共代表团,前往莫斯科与苏共中央共商解决的办法。与此同时,毛泽东约见苏联驻华大使尤金,表明了中共中央对于波兰事件的看法和立场。毛泽东建议苏联应当在平等的基础上同波兰合作,不宜采取武装干涉的办法,以争取波兰留在社会主义阵营和华沙条约组织里面。在中共中央的积极推动下,波兰事件得到较为稳妥的解决。

关于波兰事件的消息在匈牙利引起了社会波动,一时间要求改革,学习波兰走匈牙利自己的社会主义道路的声音此起彼伏。而匈牙利境内的一些右翼团体也趁人民群众对匈牙利拉科西时代实行的错误政策严重不满的机会,煽动广大人民群众对社会主义及其政党的不满情绪。

1956年10月23日,布达佩斯爆发了约20万人参加的示威游行,示威游行的队伍里由于混杂了各种亲法西斯分子等反动分子,在反动势力的煽动下,示威游行队伍做出了一系列过激的举动,提出了一些反党反政府的口号,冲击了党和政府的一些机构,一些军事设施和电台也被示威游行队伍占领。在反动分子的恶意鼓动下,示威游行队伍甚至还残酷杀害了一些政府机构官员和劳动人民党党员。

第一章 多事之秋

匈牙利劳动人民党紧急改组中央领导机构,但并没有扼制住这场反政府暴乱,改组后的纳吉政府,"实行多党制,并把保安队和保安机关解散,人民民主专政的体制已经解体,暴乱分子烧死、绞死、活埋保安队人员和共产党人,全国处于无政府状态"①。

南斯拉夫共产主义者联盟的主席铁托,在不到一个月后的11月11日,针对波匈事件发表了自己的意见演说。他在演说中直指斯大林之所以犯错,"问题不仅仅是个人崇拜,问题是使得个人崇拜得以产生的制度"②,"在于官僚主义组织机构"③等,在各国共产党中也产生不小的影响。

从1956年10月21日开始,毛泽东连续主持召开了多次中央政治局会议和政治局(扩大)会议,讨论波兰问题和匈牙利问题,并同当时还在苏联的刘少奇保持电话联系。10月29日,毛泽东通过刘少奇向苏联建议,对其他社会主义国家在政治、经济上应采取开放的态度,让这些国家独立。但随着匈牙利事件的逐步恶化,苏共领导人最终没有采纳中方的建议。苏联军队在以卡达尔为总理的匈牙利工农革命政府的请求下,出兵布达佩斯,并迅速平息了各地的暴乱,匈牙利国

---

① 逄先知、金冲及主编:《毛泽东传(1949—1976)》上,中央文献出版社2003年版,第604页。
② 逄先知、金冲及主编:《毛泽东传(1949—1976)》上,中央文献出版社2003年版,第607页。
③ 逄先知、金冲及主编:《毛泽东传(1949—1976)》上,中央文献出版社2003年版,第607页。

《关于正确处理人民内部矛盾的问题》精学导读

内局势才趋于稳定。

在1956年11月10日至15日召开的中国共产党八届二中全会上,毛泽东做了总结性讲话,强调世界是充满矛盾的,提醒大家要以苏共二十大和波匈事件为鉴。接着,从11月下旬开始,毛泽东主持召开中央政治局常委(扩大)会议讨论波匈事件,并主持起草和修改了《再论无产阶级专政的历史经验》,明确指出存在着敌我矛盾和人民内部矛盾两类不同性质矛盾的问题。

苏共二十大和波匈事件及铁托的演说,是国际共产主义运动中的重大事件,对世界各国的共产主义政党和社会主义国家的发展都产生了巨大影响,同时充分暴露出社会主义社会存在的各种矛盾和问题。在毛泽东看来,正是对社会主义社会矛盾问题认识不清和处理不当,才导致了波匈事件的发生,我们应当引以为戒,正确处理好我国社会主义建设过程中出现的各种矛盾。苏共二十大和波匈事件等暴露出的社会主义社会矛盾问题,促使毛泽东对社会矛盾特别是人民内部矛盾问题的进一步思考。

二、1956年下半年国内出现的新问题

1956年另一些不容忽视的国内环境是,进入社会主义改造高潮后,基于社会的变化和经济建设上的某些冒进情况等原因,国内出现了不同范围内的生产生活资料供应相对紧张的状况,各地也出现了一些较为突出的社会矛盾与问题。

从1956年10月到1957年夏,在豫、川、皖、赣、浙、陕、

第一章 多事之秋

冀、辽等省的农村地区，由于收入减少、基层干部作风不民主、社员入社生产资料处理不当等问题，出现了农民闹退社及要求分社等较为严重的问题。①例如，"浙江省农村发生请愿、殴打、哄闹等事件1100多起，广东省农村先后退社的有十一二万户"②；河南省委农村工作部1957年3月28日的简报中指出，1956年冬天以来，河南全省有12个县的28个农业社、700多个生产队一度发生闹事事件；江苏泰县1957年春要求退社的社员占社员总数的19%，思想动摇的社员占社员总数的41%，后来甚至酿成2000多人到县城请愿、游行、闹事的大风波。③

手工业生产合作社的社员退社情况时有发生。据辽宁省手工业管理局的统计，在社会主义改造高潮时期，全省90%多的独立手工业者都加入了合作社，但高潮过后就出现了社员退社的现象，截止到1956年9月29日，全省已经被正式批准退社的社员就有524人。其中，缝纫、制鞋两个行业的退社情况最为严重。另据上海市手工业管理局的统计，1956年2月以来，已经批准退社的小业主就有535人。有一个五金联社，退社的小业主涉及50个基层单位398人。④

---

① 国家农业委员会办公厅：《农业集体化重要文件汇编》上册，中央党校出版社1981年版，第655—656页。
② 薄一波：《若干重大决策与事件的回顾》下卷，中共中央党校出版社1993年版，第569页。
③ 顾海良主编：《马克思主义中国化史（1949—1976）》第2卷，中国人民大学出版社2018年版，第252页。
④ 沈志华：《处在十字路口的选择：1956—1957年的中国》，广东人民出版社2013年版，第299—300页。

《关于正确处理人民内部矛盾的问题》精学导读

关于工人罢工请愿的情况，各地情况也不容乐观。例如，内蒙古森林工业管理局所属的单位，1956年6—9月就发生了6起工人罢工请愿事件，参加人数少则数十人，多则300人；1956年10月29日，福州市发生60多名筑路工集体向市人民委员会请愿的事件；波匈事件发生后，各地工人罢工请愿的情况趋于严重。再如，上海轻纺工业截至1956年12月上旬，已经有53个公私合营工厂的1834人因为工资和福利问题而罢工、怠工、请愿与闹事。其中，参加罢工的有10个厂共116人；参加怠工的有3个厂共60人；参加请愿的有2个厂共29人；在厂内闹事并包围公方代表，准备罢工、请愿的有38个厂共1629人。①

学生罢课、请愿的情况也时有发生。例如，1956年9月15日，第二机械工业部所属的成都的两个技术工人学校400多名学生罢课，要求转学和分配工作，参加者很快增加到800多人，并集体到四川省委和成都市劳动局请愿，甚至还殴打干涉他们罢工的同学，随意破坏公共财物，与前来制止的警察发生冲突，到10月底，学校已经陷入严重的混乱状态；1956年12月下旬，陕西省少数学校的学生发动集体签名，要求用罢课或绝食的办法对学校领导的官僚主义作风表示抗议。②据不完全统计，自1956年9月起至1957年春天，国内各地发生的从数

---

① 沈志华：《处在十字路口的选择：1956—1957年的中国》，广东人民出版社2013年版，第300页。
② 沈志华：《处在十字路口的选择：1956—1957年的中国》，广东人民出版社2013年版，第300—301页。

第一章 多事之秋

十人到百十人甚至近千人不等的罢工和请愿事件就有数十起。全国罢工工人总数约有一万多人，罢课学生人数也总共约有一万多人。①对社会和政府不满的批评意见也日渐增多，甚至有人在闹事过程中公然提出要来一个"匈牙利"，形势十分严峻。②

这对于还沉浸在中华人民共和国成立和社会主义改造完成的广大人民群众甚至是对一些领导干部来说，有些始料未及，一些党员干部缺乏思想准备，处于被动地位。中国社会为何会出现这么多问题，如何来处理这些矛盾，全党上下没有足够的经验。一些干部已经习惯了革命战争年代的思维方式，往往容易把人民群众对政府的批评意见和少数闹事行为视为阶级斗争。有些党员干部甚至认为："好人不闹事，闹事没好人……凡是与政府闹事的就是敌我矛盾。"③正是基于这样的认识，他们对人民群众的闹事行为：一是"怕"；二是习惯于用简单粗暴的办法加以压制，一出乱子就认为是敌人破坏，动辄批判斗争、开除，甚至动用武力，有时不仅矛盾未解决，反而激化了矛盾。例如，广东省的某个县想要在一个乡里盖一个麻风病院，与群众商量后，群众不同意，县里却不顾群众的意见强行盖了麻风病院，把当地群众惹怒了。结果当地有400多人在合作社主任的带领

---

① 中共中央文献研究室编：《建国以来重要文献选编》第10册，中央文献出版社1994年版，第154页。

② 薄一波：《若干重大决策与事件的回顾》下卷，中共中央党校出版社1993年版，第570页。

③ 薄一波：《若干重大决策与事件的回顾》下卷，中共中央党校出版社1993年版，第570页。

《关于正确处理人民内部矛盾的问题》精学导读

下,把麻风病院的房子拆了,还把干部的衣服扯烂了。该县公安局的负责人带领 8 名警察赶赴现场处理这一事件时,又因为粗暴处理,造成了死 5 人、伤 9 人的严重后果。[①]又如,"兰州一所技校,外省籍学生要求发给寒假回家路费,学校不同意,300 多学生闹了起来,学校领导采取强硬的办法,抓了 60 多人,认为他们是反革命"[②]。虽然用这种粗暴办法处理群众闹事是极个别的现象,但党员干部(包括高级干部)"心中无数",不知道如何处理群众闹事问题,采取种种压制和压服手段的则不在少数。[③]

与此同时,人民群众在思想和精神生活方面也暴露出一些矛盾与问题,一些党员干部对这些新形势不理解,心中无数,处理方法过于简单粗暴。在 1956 年 4 月的中共中央政治局(扩大)会议和 5 月的最高国务会议上,毛泽东提出了"百花齐放、百家争鸣"的方针,即艺术上不同的形式和风格可以自由发展,科学上不同学派可以自由争论,人民内部的思想问题、精神层面的是非问题,不能用简单压服的方法去解决。"百花齐放、百家争鸣"方针的提出和倡导,促使思想文化界开始活跃起来,在出现了一些好的声音、好的作品的同时,也冒出了一些消极的、错误的东西。当时党内外有一些人对党的方针持不赞成或

---

① 薄一波:《若干重大决策与事件的回顾》下卷,中共中央党校出版社 1993 年版,第 570—571 页。

② 薄一波:《若干重大决策与事件的回顾》下卷,中共中央党校出版社 1993 年版,第 571 页。

③ 薄一波:《若干重大决策与事件的回顾》下卷,中共中央党校出版社 1993 年版,第 569 页。

第一章 多事之秋

怀疑的态度，一些思想活跃的知识分子对当时党和政府的工作提出了尖锐的批评，非党知识分子更是产生潜在的抵触情绪，文艺界也涌现出怀疑情绪，这时有些同志就坐不住了。1957年1月7日，解放军总政治部文化部的陈其通、陈亚丁、马寒冰、鲁勒四人联名在《人民日报》上发表了题为《我们对目前文艺工作的几点意见》的文章。该篇文章指出，在过去的一年中，为工农兵服务的文艺方向和社会主义现实主义的创作方法，越来越很少有人提倡了，文学艺术的战斗性减弱了，时代的面貌模糊了，社会主义建设的光辉在文学艺术这面镜子里的光彩暗淡了。①毛泽东对此提出尖锐批评，认为这篇文章对形势的估计是错误的，其思想方法是教条主义、形而上学、片面性的，认为他们的言论实际上是阻止了"百花齐放、百家争鸣"方针的实行，处置的方法过于粗暴。

如何面对和处理新时期城市、乡村及思想文化等领域出现的新情况新问题，这是摆在毛泽东和中共中央面前亟待解决的新课题。

三、社会主义改造后的主要矛盾和任务的转变

新民主主义革命的胜利和中华人民共和国的成立，标志着近代以来中华民族与帝国主义之间、人民大众和封建主义之间

---

① 陈其通、陈亚丁、马寒冰，等：《我们对目前文艺工作的几点意见》，《人民日报》1957年1月7日，第7版。

的矛盾已经基本解决。在一穷二白的废墟之上，经过了三年的艰苦奋斗和努力建设后，国民经济得到了迅速恢复。伴随着土地改革、镇压反革命等民主革命遗留任务的完成，逐步进行生产关系的社会主义改造，建设以公有制为主体的社会主义社会，在客观上逐步被提上了日程。继续进行大规模的经济建设以进一步恢复和发展国民经济，确立并巩固社会主义的基本制度，就成为摆在毛泽东和中国共产党人面前的重要任务。

如何顺利完成由新民主主义社会向社会主义社会过渡的任务？如何解决过渡时期的新矛盾新问题？毛泽东在1953年6月15日召开的中共中央政治局会议上指出，过渡时期每天都在变动，充满着矛盾和斗争，我们现在的革命斗争，其深刻程度比过去的武装斗争有过之而无不及。①毛泽东在之前给李维汉的信中提到：在打倒了地主阶级和官僚资产阶级以后，中国内部的主要矛盾已经是工人阶级和民族资产阶级之间的矛盾了，所以不应再将民族资产阶级称之为中间阶级。②中华人民共和国成立后，民族资产阶级与工人阶级之间的这一矛盾虽不具有革命性和斗争性，但民族资产阶级在整体上也是拥护和支持中华人民共和国的建设与社会主义发展方向的。因此，解决这一矛盾的方式也就不能采用以前对敌斗争的手段和方式。这就需要国家积极探索新的手段方式，在保证工人阶级利益的前提下，

---

① 逄先知、金冲及主编：《毛泽东传（1949—1976）》上，中央文献出版社2003年版，第255页。

②《毛泽东文集》第6卷，人民出版社1999年版，第231页。

第一章 多事之秋

在不发生大规模社会动荡的前提下,有步骤地对资本主义工商业进行社会主义改造,以解决工人阶级和民族资产阶级之间的矛盾。

1956年底,我国基本上完成了对农业、手工业和资本主义工商业的社会主义改造,在生产关系方面实现了由私有制到公有制的一场伟大变革。社会主义经济制度的基本确立,为我国进行社会主义建设奠定了坚实的基础。进入新的历史时期,我国社会的主要矛盾和主要任务都发生了相应的变化。

就社会的主要矛盾来说,生产资料所有制的社会主义改造完成之后,革命时期那种大规模的急风暴雨式的阶级斗争已经基本结束,人民内部的矛盾逐渐成为国家政治生活的重要内容。就社会的主要任务来看,大规模的革命任务已经基本完成,建设和发展我们的经济文化,在新的生产关系下保护和发展生产力已经成为新时期的重大任务。为此,必须处理好各种关系和矛盾,调动一切积极因素,为巩固社会主义基本制度,为保护和发展生产力,为社会主义建设事业提供有力的保障。1956年4月25日,毛泽东发表了题为《论十大关系》的重要讲话,讲话中提出:要处理好重工业和轻工业、农业的关系,沿海工业和内地工业的关系,经济建设和国防建设的关系,国家、生产单位和生产者个人的关系,中央和地方的关系,汉族和少数民族的关系,党和非党的关系,革命和反革命的关系,是非关系,中国和外国的关系等十大关系,这十大关系就是十大矛盾,要通过处理这十大关系,把国内外一切积极因素都调动起来,为社会主义建设事业服务。

1956年9月15日至27日,中国共产党第八次全国代表大

《关于正确处理人民内部矛盾的问题》精学导读

会召开,对我国社会主义条件下的社会主要矛盾,以及党和国家的中心任务进行了凝练与明确,强调我国社会的主要矛盾已经不是工人阶级和资产阶级之间的矛盾,已经是人民对于建立先进的工业国的要求同落后的农业国的现实之间的矛盾,已经是人民对于经济文化迅速发展的需要同当前经济文化不能满足人民需要的状况之间的矛盾。"这一矛盾的实质,在我国社会主义制度已经建立的情况下,也就是先进的社会主义制度同落后的社会生产力之间的矛盾。"[①]由于社会主要矛盾的变化,所以党和全国人民当前的主要任务,就是要集中力量来解决这个矛盾,团结国内外一切可能团结的力量,利用一切有利的条件,把我国尽快地从落后的农业国变为先进的工业国。其实质,就是由解放生产力转变为保护和发展生产力。同时,大会也作出了党和国家的工作重点必须转移到社会主义建设上来的重大战略决策,并在总结第一个五年计划实施经验的基础上,提出了在综合平衡中稳步前进的经济建设方针。

能否妥善处理好社会主义建设过程中的各种重要关系,如何妥善处理人民内部的各种矛盾,直接关系到广大人民群众对于社会主义建设事业的积极性和主动性,直接关系到新时期社会主要矛盾和中心任务的解决,直接关系到社会主义建设事业的兴衰成败。

[①] 中共中央文献研究室编:《建国以来重要文献选编》第9册,中央文献出版社1994年版,第341页。

第二章　从最高国务会议上的讲话到十三稿的修改

一、"在心里积累了很久"

1957年3月10日，毛泽东在与邓拓、金仲华、徐铸成、赵超构等新闻出版界代表的座谈会上谈到，他在最高国务会议上讲话所谈的人民内部矛盾问题，"在心里积累了很久"①。这表明毛泽东关于人民内部矛盾的思想，或者说《关于正确处理人民内部矛盾的问题》这篇文章，并不是突然写出来的，也不是一次性完成的，而是经历了一个长时期的酝酿和发展过程。

五四运动时期，宣传新文化、新思想的各种刊物如雨后春笋般在中国各地涌现出来，毛泽东也在长沙创办了《湘江评论》。作为主编和主要撰稿人，毛泽东采取不同的形式，先后在上面发表了四十篇文章，主要是揭露帝国主义和封建主义的罪行，宣传新思想和新思潮。其中，《民众的大联合》是毛泽东发表

---

① 薄一波：《若干重大决策与事件的回顾》下卷，中共中央党校出版社1993年版，第579页。

的这些文章中最为重要的一篇长文。这篇文章不仅以热情洋溢的笔调迎接了革命新浪潮的到来，论述了民众大联合的可能性和必要性，阐述了实现民众大联合方法、步骤及前途等，也集中反映了这一时期毛泽东对于"民众"和社会矛盾等的认识情况。他突破了之前的认识水平，转而以"利益"的不同，划分出"平民"与"贵族""强权者"。贵族和强权者靠着知识、金钱和武力，剥削了多数平民的公共利益，维持着他们自己的特殊利益，造成了贫富不均的阶级差别。要消除阶级差别，必须依靠平民大众的觉醒和联合。他看到一个国家之内，社会上的贵族和强权者始终是少数，占社会人数较多的始终是广大的人民群众即平民，包括农夫、工人、学生、小学教师、警察、车夫等。这广大的人民群众特别是工人和农民，有联合起来的共同利益基础，一旦他们觉醒，必将形成一股摧枯拉朽的伟大革命力量。《民众的大联合》表明，青年毛泽东在思想上已经逐渐地摆脱"大杂烩"的状态，开始向一个具有初步共产主义觉悟的知识分子转变。他对于"民众"的理解，为其后来人民内部矛盾思想中提出有关"人民"的概念奠定了基础。他认识到了唤醒广大人民群众觉悟和发动各行各业人民群众联合起来的重要性，看到了劳苦大众联合起来所蕴藏的伟大力量，热情讴歌了人民群众在推翻贵族和强权者过程中的重要革命作用，这也为后来毛泽东形成人民革命统一战线的战略思想奠定了理论基础和思想基础。

　　大革命时期，面对党内外思想理论上的分歧和斗争，为支

第二章　从最高国务会议上的讲话到十三稿的修改

持和推动农村大革命的深入发展，毛泽东在1925年到1927年先后发表了《中国社会各阶级的分析》《江浙农民的痛苦及其反抗运动》《工农商学联合的问题》《湖南农民运动考察报告》等有关农民问题的文章和演说。在这些文章和演说中，毛泽东既着重指出了农民在国民革命中具有先锋、基本力量、主要动力等重要作用，对人民群众是历史的创造者，也是社会变革的决定性力量有了初步的认识，又揭示了依托于人民群众和阶级的革命政党与革命领袖对于革命的方向、组织、发展、领导等的重要作用。毛泽东强调要辩证地把握人民群众、阶级与革命政党、领袖之间的关系，实现两方面的协调统一，以充分动员两方面的力量，促进革命的胜利。这种协调统一各方面主体利益，辩证把握各种力量的思想后来成为处理人民内部矛盾过程中的重要原则与方法。而对农民的地位与作用的重视，则成为毛泽东后来的关于人民内部矛盾理论中注重解决农民问题、注重农民的主体地位等思想的发轫。相较于前一阶段，毛泽东根据中国革命发展的实际状况得到的这些理解和认识，并逐渐地酝酿发酵，已经关涉到了人民内部矛盾理论的一些重要内容，奠定了其进一步发展的基础。

土地革命时期，为了消除党内出现的"左"倾教条主义思想的影响，支持长期的革命战争，毛泽东以极大的精力投入对中国社会和中国革命实际情况的调查研究中，并对涉及群众生活的地方经济工作、政治工作等部署统筹，先后写作了《调查工作》（即后来的《反对本本主义》）、《寻乌调查》《长冈

《关于正确处理人民内部矛盾的问题》精学导读

乡调查》《才溪乡调查》《必须注意经济工作》《我们的经济政策》《关心群众生活，注意工作方法》等。概言之，他提出了三大方面的问题。一是强调调查研究的重要性，鲜明地举起了"没有调查，没有发言权"和"不做正确的调查同样没有发言权"①的旗帜。二是强调要注意经济工作，要关心群众生活。毛泽东指出，你要群众支持你、拥护你，"那末，就得和群众在一起，就得去发动群众的积极性，就得关心群众的痛痒，就得真心实意地为群众谋利益，解决群众的生产和生活的问题，盐的问题，米的问题，房子的问题，衣的问题，生小孩子的问题，解决群众的一切问题"②。只要我们对这些具体又实际的问题："注意了，解决了，满足了群众的需要，我们就真正成了群众生活的组织者，群众就会真正围绕在我们的周围，热烈地拥护我们。"③三是提出要注重工作方法。毛泽东形象地将任务比喻为"过河"，把工作方法视为"过河"的"桥"或"船"，没有"桥"或"船"，"过河"就只是一句空话，而注重工作方法首要的，就是要深入群众，而不是脱离群众，要"到斗争中去！到群众中作实际调查去！"④同时，我们的工作方法应侧重妥善处理好物质生活问题，同时"一切群众的实际生活问题，都是

---

① 《毛泽东文集》第 1 卷，人民出版社 1993 年版，第 268 页。
② 《毛泽东选集》第 1 卷，人民出版社 1991 年版，第 138—139 页。
③ 《毛泽东选集》第 1 卷，人民出版社 1991 年版，第 137 页。
④ 《毛泽东选集》第 1 卷，人民出版社 1991 年版，第 116 页。

第二章 从最高国务会议上的讲话到十三稿的修改

我们应当注意的问题"①。毛泽东还特别强调了反对官僚主义的领导方式与工作方法,认为这是正确开展工作的"必要条件"。我们"要把官僚主义方式这个极坏的家伙抛到粪缸里去"②,而采用广大的农民和工人所喜闻乐见的方式,即群众化的方式,按照具体的环境、具体地表现出来的群众情绪,去做一切工作。毛泽东的这些分析和认识,特别是强调要注意经济工作,关心群众物质生活,实际上是处理人民内部矛盾过程中,要注意解决广大人民群众的生活问题,解决造成人民内部矛盾的物质基础问题的反映。同时,毛泽东强调切忌用官僚主义和命令主义的方法去解决群众工作中的问题,一定要有注重实际的调查研究的工作方法和对群众耐心细致说服的态度,这实际上是从事任何工作都应当有的科学的态度,是符合马克思主义的工作方法的,也是作为领导者和组织者在正确处理人民内部矛盾时所要坚持与遵循的。这些思想展现出毛泽东对人民内部问题的一些重要思考,完全可以看作毛泽东人民内部矛盾理论的萌芽。

延安时期,为了团结一切可能的抗日力量,建立抗日民族统一战线,毛泽东做了多方努力。在瓦窑堡党的活动分子会议上,毛泽东指出,要打倒日本帝国主义,我们必须抛弃狭隘的关门主义,建立抗日民族统一战线,不但要团结起工农和城市小资产阶级这样有着坚定抗日要求的阶级,对可能有抗日意愿

---

① 《毛泽东选集》第1卷,人民出版社1991年版,第137页。
② 《毛泽东选集》第1卷,人民出版社1991年版,第124页。

《关于正确处理人民内部矛盾的问题》精学导读

的民族资产阶级等也要团结,甚至还可以联合地主买办阶级,"把敌人营垒中间的一切争斗、缺口、矛盾,统统收集起来,作为反对当前主要敌人之用"①。在1937年中共苏区代表会议上毛泽东又指出,中国共产党在这一时期的任务,就是要辨识清楚中日矛盾已经成为主要矛盾、国内阶级间的矛盾和政治集团之间的矛盾降到次要与服从地位,并由此引起了国内阶级关系变动的事实,停止那些不利于团结抗日的斗争,削弱和缩小国内的某些矛盾,争取国内民主的环境,巩固和平,以助力于抗日民族统一战线的巩固和扩大。毛泽东还写作了《实践论》《矛盾论》两部重要论著,为进一步处理各种矛盾问题提供了理论原则和方法论指导。延安整风运动开始后,本着科学分析历史是非问题的态度,毛泽东提出了对待党员们的"团结—批评—团结"的方针,即"惩前毖后,治病救人"的方针,强调对待思想上、工作中等犯了错误的同志,绝不是不加分析地乱打一顿,决不能采取鲁莽激进的办法和态度,应通过"团结—批评—团结"的手段,达到团结同志的目的。这样既做到了态度和方式上的和风细雨,又实现了让犯错误的同志认识错误以团结同志改进工作的目的,成为解决党内矛盾和党内斗争的科学方法。在著名的《在延安文艺座谈会上的讲话》中,毛泽东还具体地谈及了文艺工作者对待人民和敌人应有的态度。毛泽东指出,文艺工作者在立场上,一定要站稳无产阶级和人民大众的立场,

---

① 《毛泽东选集》第1卷,人民出版社1991年版,第148页。

第二章　从最高国务会议上的讲话到十三稿的修改

对于人民、敌人和同盟者的具体态度，则应区别对待。对于敌人，"革命文艺工作者的任务是在暴露他们的残暴和欺骗，并指出他们必然要失败的趋势……坚决地打倒他们"①。对于同盟者应既联合又批评，有成绩，我们要赞扬，做得不对的，我们要批评，如果他们走上反共反人民的道路，则应坚决地反对。对于人民群众及人民的劳动和斗争等，我们不应吝啬我们赞美的词汇，虽然人民群众也会有不足，但"我们应该长期地耐心地教育他们，帮助他们摆脱背上的包袱，同自己的缺点错误作斗争，使他们能够大踏步地前进"②。毛泽东更形象地引用了鲁迅的两句诗"横眉冷对千夫指，俯首甘为孺子牛"③来表明对待敌人和人民的不同态度，"千夫"即指代的敌人，"对于无论什么凶恶的敌人我们决不屈服"④，"孺子"即指代的无产阶级和人民大众，一切的知识分子，要和群众结合，要服务于群众。这些分析表明，在这一时期，毛泽东虽然没有正式提出认识和处理人民内部矛盾问题，但后来关于如何认识和处理人民内部矛盾的各种思想内容在这一时期实际上已经提出与逐渐形成。如处理矛盾问题的哲学认识论基础：强调实事求是，一切从实际出发的实践观和重视调查研究，做到具体问题具体分析的矛盾观；处理人民内部矛盾的一些极具实践智慧的方法

---

①《毛泽东选集》第3卷，人民出版社1991年版，第848—849页。
②《毛泽东选集》第3卷，人民出版社1991年版，第849页。
③《毛泽东选集》第3卷，人民出版社1991年版，第877页。
④《毛泽东选集》第3卷，人民出版社1991年版，第877页。

《关于正确处理人民内部矛盾的问题》精学导读

与原则,即"惩前毖后,治病救人""团结—批评—团结"等。需要注意的是,这一时期毛泽东的群众路线思想也趋于成熟,并被贯彻到各项工作之中。诸如在整风运动中高扬人民群众才是真正的英雄并具有伟大的力量;领导干部应当深入群众,以人民群众为师,向人民群众学习;指明抗日战争要想取得最终胜利就必须发动人民战争,提出人民才是创造世界历史的动力的著名论断,并强调要调动一切可能调动的力量,建立广泛的抗日民族统一战线;明确指出对统一战线中的各部分力量要具体问题具体分析,在统一战线中要坚持既统一又独立、既联合又斗争的方针;提出密切联系群众,从群众中来到群众去,领导与群众相结合等就是党和军队应保持的作风等;突出人民群众的主体地位,科学处理统一战线中各部分力量之间的关系,正确认识和处理领导与群众之间的关系等,这些思想内容后来都成为人民内部矛盾理论中的重要内容。

解放战争时期,在全国性政权即将建立的时刻,毛泽东先是在1949年的中共七届二中全会的结论中明确强调,要经过细致的研究和分析,"划清两种界限……是革命还是反革命?是延安还是西安?……记着这两条界限,事情就好办,否则就会把问题的性质弄混淆了"①。随后在为纪念中国共产党二十八周年发表的《论人民民主专政》中又明确指出,我们要建立起一个人民的国家,"人民是什么?在中国,在现阶段,是工人

---

① 《毛泽东选集》第4卷,人民出版社1991年版,第1444页。

第二章 从最高国务会议上的讲话到十三稿的修改

阶级，农民阶级，城市小资产阶级和民族资产阶级"①。在工人阶级及其政党的领导下，这些阶级阶层要团结起来，选举自己的代表和自己的政府。在人民内部，实行民主制度，人民有选举权、言论集会结社等各项自由权，人民的军队、警察和法庭等都是巩固和保护人民利益的，人民犯了错误，有了矛盾，"用民主的方法，教育自己和改造自己……并继续前进，向着社会主义社会和共产主义社会前进"②。人民如果触犯了国家的法律法规，也要面对处罚，但这种处罚和对反动敌人的处理是不一样的。对于地主阶级和官僚资产阶级及其附庸分子，"实行专政，实行独裁，压迫这些人，只许他们规规矩矩，不许他们乱说乱动。如要乱说乱动，立即取缔，予以制裁"③。这些反动派是没有选举权的，军队、警察、法庭等国家机器，就是用来压迫反动阶级的工具，"我们仅仅施仁政于人民内部，而不施于人民外部的反动派和反动阶级的反动行为"④。对人民内部的方法和对敌人的方法这两个方面是不能相提并论的，"有原则的区别"⑤。通过以上这些论述可以看出，在新民主主义革命时期，尽管当时还没有关于人民内部矛盾的明确提法，但毛泽东已经形成和阐述了人民与敌人的两个不同概念范畴，并

---

① 《毛泽东选集》第 4 卷，人民出版社 1991 年版，第 1475 页。
② 《毛泽东选集》第 4 卷，人民出版社 1991 年版，第 1476 页。
③ 《毛泽东选集》第 4 卷，人民出版社 1991 年版，第 1475 页。
④ 《毛泽东选集》第 4 卷，人民出版社 1991 年版，第 1476 页。
⑤ 《毛泽东选集》第 4 卷，人民出版社 1991 年版，第 1476 页。

《关于正确处理人民内部矛盾的问题》精学导读

做了不同的性质区分,同时他还十分注意处理人民和敌人这两类人中发生的性质不同的矛盾,提出了以说服教育为主的批评和自我批评,以及以阶级专政为主的两种不同解决方法。

中华人民共和国成立后,毛泽东对人民内部矛盾及其相关问题的思考逐渐深入和成熟。20世纪50年代初,在编辑《毛泽东选集》时,毛泽东又对《实践论》和《矛盾论》做了进一步修改,这反映出他对矛盾问题的认识在逐步地深化。面对中华人民共和国成立后一些社会矛盾的变化,毛泽东敏锐地指出,随着地主阶级和官僚资产阶级被推翻,"中国内部的主要矛盾即是工人阶级与民族资产阶级的矛盾,故不应再将民族资产阶级称为中间阶级"[1]。他将"中间阶级""中间阶层"的提法修改为:"资产阶级、城市上层小资产阶级(即雇有少数几个工人或店员的小资本家)、一部分从地主阶级分化出来带有资本主义色彩的分子以及和这些阶级、阶层相联系的知识分子。"[2]我们要团结包括这些人在内的全国人民,划清敌我界限,用十年时间搞建设,打下坚实的基础。除了划清敌我界限之外,毛泽东还指出:"在内部还有个是非界限。两者相比,是非界限是第二种界限。比如贪污分子大多数还是个是非问题,还是可以改造的,他们与反革命不同。"[3]对于任何人,只要他们划清了敌我界限,为人民服务,我们就要团结他们。在1955

---

[1]《毛泽东文集》第6卷,人民出版社1999年版,第231页。
[2]《毛泽东文集》第6卷,人民出版社1999年版,第231页。
[3]《毛泽东选集》第5卷,人民出版社1977年版,第68页。

第二章　从最高国务会议上的讲话到十三稿的修改

年的《驳"舆论一律"》中，毛泽东又进一步明确了："人民的内部和外部两个不同的范畴"①，以及有关矛盾处理方法，提出在人民内部有批评的自由、发表各种意见的自由等，而人民内部也会有先进和落后的两种人们、两种意见矛盾地存在和斗争着，解决人民内部这种矛盾的方法是，允许人民内部通过各种刊物等自由地发表意见，"以期由先进的人们以民主和说服的方法去教育落后的人们，克服落后的思想和制度"②。对人民内部的诸种矛盾，"反对强迫命令方法，坚持民主说服方法，那里的空气应当是自由的，'强迫人'是错误的"③。如果压制人民内部的这种表达意见和提出批评的自由，那就是犯罪行为。但是，对人民外部的反革命分子，则是在共产党的领导之下，广大人民群众对其进行专政，"在这里，不是用的民主的方法，而是用的专政即独裁的方法"④。如果对反革命分子放纵而不制止，就是犯罪的行为。

应当指出，在这一时期，中央其他有关领导同志也曾经对人民内部矛盾问题有过一些探讨。例如，时任全国总工会副主席李立三就曾在 1949 年提出过国营企业中工人与管理机关之间的矛盾需要引起注意。又如，时任中南局书记邓子恢支持这一观点，并将有关内容上报毛泽东和中共中央有关领导人；时

---

① 《毛泽东选集》第 5 卷，人民出版社 1977 年版，第 158 页。
② 《毛泽东选集》第 5 卷，人民出版社 1977 年版，第 158 页。
③ 《毛泽东选集》第 5 卷，人民出版社 1977 年版，第 158 页。
④ 《毛泽东选集》第 5 卷，人民出版社 1977 年版，第 158 页。

《关于正确处理人民内部矛盾的问题》精学导读

任东北局书记高岗对存在矛盾的观点表达了不同的看法，还组织了反驳文章，也报送了中央和毛泽东。1951年，刘少奇在阅读了邓子恢等人的有关材料后，肯定了邓子恢的意见，认为国营企业中确实存在工人与管理人员之间的矛盾，但"是一种在根本上非敌对的、可以和解也应该调和的矛盾"[1]。刘少奇还明确指出："大体上可以分为两类：一类是在根本上敌对的不能和解的矛盾；另一类是在根本上非敌对的可以和解的矛盾。我们在观察问题的时候，必须分清这两类矛盾的不同性质。"[2] 我们不能否认毛泽东的人民民主专政理论对刘少奇、邓子恢等中央领导人关于存在两类矛盾观点的影响，更不能完全抹杀他们的这些观点在一定程度上是引起了毛泽东对人民内部矛盾问题的注意的。

1956年1月中旬，毛泽东从杭州回北京后，便开始进行调查研究，从2月24日开始，找了国务院34个部门的同志谈话，在中南海颐年堂，每天"床上地下，地下床上"[3]地听取工作汇报，包括国家计划委员会（现国家发展和改革委员会）关于第二个五年计划的汇报，每天都是四五个小时，一直到4月24日结束，共听了43天的汇报。毛泽东听取工作汇报时，会随时根据汇报内容提出问题、发表意见和评论。经过一个多月的调

---

[1]《刘少奇选集》下卷，人民出版社1985年版，第93页。
[2]《刘少奇选集》下卷，人民出版社1985年版，第94页。
[3] 逄先知、金冲及主编：《毛泽东传（1949—1976）》上，中央文献出版社2003年版，第471页。

第二章 从最高国务会议上的讲话到十三稿的修改

查研究后,1956年4月25日,毛泽东在中央政治局(扩大)会议上发表了题为《论十大关系》的重要讲话,初步地分析和总结了中国社会主义建设的阶段性经验,提出了经济、政治等领域中存在的十大关系。其中,对于革命和反革命的关系,毛泽东谈到,对于老百姓非常仇恨的、血债累累的反革命分子,要采取镇压的手段,到目前为止,应当肯定,还有反革命,但是已经大为减少,并且随着各种条件的变化,"他们中间的大多数将来会有不同程度的转变"①,"对一切反革命分子,都应当给以生活出路,使他们有自新的机会。这样做,对人民事业,对国际影响,都有好处"②。对于是非关系,毛泽东强调,对待犯了错误的人,无论党内党外,都要分清是非。人总是会犯错误的,对于犯了错误的党内同志,不但要看他们改不改正错误,还应当主动去帮助他们。党内的一些争论,实际上很多反映了社会上阶级斗争状况,切合实际地批评犯了错误的同志,甚至在某些情况下进行一定的斗争,都是正常的,对于犯错误的同志不给予帮助反而幸灾乐祸,这是宗派主义的表现,"正确的态度应当是,对于犯错误的同志,采取'惩前毖后,治病救人'的方针,帮助他们改正错误,允许他们继续革命"③。革命与反革命、是非关系包含着两类不同矛盾及其处理的阐述,实际上就是毛泽东后来对于敌我和人民内部关系

---

① 《毛泽东文集》第7卷,人民出版社1999年版,第36页。
② 《毛泽东文集》第7卷,人民出版社1999年版,第39页。
③ 《毛泽东文集》第7卷,人民出版社1999年版,第39页。

的简单表达。毛泽东明确强调了这十种关系,"都是矛盾。我们的任务,是要正确处理这些矛盾。我们一定要努力把党内党外、国内国外的一切积极的因素,直接的、间接的积极因素,全部调动起来,把我国建设成为一个强大的社会主义国家"①。

　　1956年苏共二十大召开后,毛泽东连续主持了多次中央政治局会议讨论苏共二十大提出的问题及所产生的影响。1956年3月23日晚,他在主持召开的中央书记处(扩大)会议上指出:"社会主义社会,仍然存在着矛盾。否认存在矛盾就是否认唯物辩证法……矛盾无时不在,无所不在。有矛盾就有斗争,只不过斗争的性质和形式不同于阶级社会而已。"②毛泽东认为,应该发表一篇文章,公开表明中共中央对待斯大林问题的态度。于是按照会议决定,在相关部门协作下,写作了《关于无产阶级专政的历史经验》(以下简称《一论》)的文章。毛泽东亲自动手修改了《一论》,仅从4月1日到4日,就修改了七次之多,增写了许多重要内容。这篇文章客观阐述了共产党领袖人物的功过是非问题,对斯大林给予了实事求是的评价。在总结苏联经验教训时,毛泽东阐述了他对社会主义社会矛盾问题的理论思考。他明确批评了那种认为矛盾到了社会主义社会就不存在了的想法,指出矛盾在任何时候都会存在,这是由唯物

---

① 中共中央文献研究室编:《毛泽东年谱(1949—1976)》第2卷,中央文献出版社2013年版,第569页。

② 中共中央文献研究室编:《毛泽东年谱(1949—1976)》第2卷,中央文献出版社2013年版,第549页。

第二章　从最高国务会议上的讲话到十三稿的修改

辩证法的矛盾普遍性所决定的，随着客观条件的改变，各种矛盾也将不断地更替变化，"一切都还将是这样……旧的矛盾解决了，新的矛盾又会产生……只要还存在着主观和客观的矛盾，还存在着先进和落后的矛盾，还存在着社会生产力和生产关系的矛盾，那末……矛盾在社会主义社会和共产主义社会中也就还将存在，还将经过各种各样的形式表现出来"①。毛泽东在后来又多次谈到这些重要看法，其后的中共八大和中共八届二中全会报告也受其影响。

1956年11月15日，在中共八届二中全会上的总结报告中，毛泽东指出，世界是充满着各种各样的矛盾的，过去的民主革命虽然解决了"三座大山"压迫的问题，社会主义三大改造虽然解决了所有制的矛盾问题，但旧的矛盾解决了，新的矛盾又会随着各种条件的变化而不断产生。毛泽东提出，要在1957年进行整风运动，并强调："以后凡是人民内部的事情，党内的事情，都要用整风的方法，用批评和自我批评的方法来解决，而不是用武力来解决。我们主张和风细雨，真正达到治病救人的目的。也就是从团结的愿望出发，经过批评和自我批评，在新的基础上达到新的团结。"②毛泽东在随后给民主建国会（简称民建）时任主任委员黄炎培的信中也强调："社会总是充满

---

① 中共中央文献研究室编：《建国以来重要文献选编》第8册，中央文献出版社1994年版，第232页。

② 中共中央文献研究室编：《毛泽东年谱（1949—1976）》第3卷，中央文献出版社2013年版，第34页。

着矛盾。即使社会主义和共产主义社会也是如此,不过矛盾的性质和阶级社会有所不同罢了。"[1]也就是说,社会主义社会还存有矛盾,它并没有消除所有的社会矛盾,有的解决了有的没有解决,并且随着各种情况的发展变化新的矛盾还不断地产生,但是,大体而言,这些新出现的矛盾与以前的矛盾相比,在性质和表现形式上都有了变化。那么,如何解决这些性质和表现形式都变化了的社会主义新矛盾呢?毛泽东指出:"既有矛盾就要求揭露和解决。有两种揭露和解决的方法:一种是对敌(这说的是特务破坏分子)我之间的,一种是对人民内部的(包括党派内部的,党派与党派之间的)。前者是用镇压的方法,后者是用说服的方法,即批评的方法。"[2]在我国的社会主义条件下,内部的敌我矛盾从整体上来看已经不存在了,"但是人民内部的问题仍将层出不穷,解决的方法,就是从团结出发,经过批评与自我批评,达到团结这样一种方法……希望凡有问题的地方都用这种方法"[3]。

毛泽东的这些重要思想在同年 12 月发表的《再论无产阶级专政的历史经验》(以下简称《再论》)中被进一步延续和深化。从 12 月 10 日起,毛泽东主持召开政治局常委会和政治

---

[1] 中共中央文献研究室编:《毛泽东年谱(1949—1976)》第 3 卷,中央文献出版社 2013 年版,第 42 页。

[2] 中共中央文献研究室编:《毛泽东年谱(1949—1976)》第 3 卷,中央文献出版社 2013 年版,第 42—43 页。

[3] 中共中央文献研究室编:《毛泽东年谱(1949—1976)》第 3 卷,中央文献出版社 2013 年版,第 43 页。

第二章 从最高国务会议上的讲话到十三稿的修改

局会议，围绕《再论》一文进行讨论和修改，先后八易其稿。据有关资料记载，毛泽东在讨论中反复谈到，《一论》的重点，是要提醒人们破除社会主义社会不存在矛盾这种迷信，引导人们认识社会主义也存在矛盾这一客观事实；而《再论》则是提醒人们在认识到社会主义社会存在矛盾的同时，还有必要进一步分清不同性质的两类矛盾，以此出发，站在社会主义立场上反对帝国主义，贯通全局，解决好两类矛盾。因此，12月29日《再论》在《人民日报》发表时，就明确提出了正确区别和处理不同性质的两类矛盾问题。"在我们面前有两种性质不同的矛盾：第一种是敌我之间的矛盾……这是根本的矛盾，它的基础是敌对阶级之间的利害冲突。第二种是人民内部的矛盾……这是非根本的矛盾，它的发生不是由于阶级利害的根本冲突，而是由于正确意见和错误意见的矛盾，或者由于局部性质的利害矛盾。"[1]两类矛盾性质不同，解决的方法也不同，特别是人民内部的矛盾，"应该从团结的愿望出发，经过批评或者斗争获得解决，从而在新的条件下得到新的团结"[2]。在处理两类矛盾时，应注意区分，"决不应该……等量齐观，或者互相混淆，更不应该把人民内部的矛盾放在敌我矛盾之上"[3]。这篇文章也

---

[1] 中共中央文献研究室编：《建国以来重要文献选编》第9册，中央文献出版社1994年版，第562—563页。

[2] 中共中央文献研究室编：《建国以来重要文献选编》第9册，中央文献出版社1994年版，第563页。

[3] 中共中央文献研究室编：《建国以来重要文献选编》第9册，中央文献出版社1994年版，第563页。

承认，这些认识不能绝对化，因为我们的现实生活往往是十分复杂的，在有些情况下，比如人民内部矛盾没有处理好的情况下，那么这些人民内部矛盾中的一方就极有可能由非根本性矛盾转化到反面去，变成具有根本性的矛盾。所以，绝对不能混淆两类性质不同的矛盾，要妥善地区分并且处理好它们。这些论述表明，毛泽东对"人民内部"和"敌我"两类矛盾已经形成了较为明确的概念，并探讨了它们之间的关系，其人民内部矛盾理论已经呼之欲出了。后来，在《关于正确处理人民内部矛盾的问题》的正式刊发稿中，毛泽东的这些深刻思考与见解，得到了进一步展开。

二、最高国务会议第十一次（扩大）会议上的讲话

如何面对和处理新时期国内外出现的新情况新问题，这是摆在毛泽东和中共中央面前亟待解决的新课题。

1957年1月18日至27日，在经过了一系列酝酿和对社会主义建设基本情况的掌握后，毛泽东在省区市党委书记会议上，联系苏共二十大以来国际上发生的大事件，着重谈到了党内和社会上思想动向的问题，以及闹事问题、法治问题等，"根本的原因，就是思想上不承认社会主义社会是对立统一的，是存在着矛盾、阶级和阶级斗争的。对于建设时期的阶级斗争和人

第二章 从最高国务会议上的讲话到十三稿的修改

民内部的矛盾,我们缺乏经验……建设时期,剩下一部分阶级斗争,大量表现的是人民内部的矛盾"①。这些重要内容后来就成了《关于正确处理人民内部矛盾的问题》的蓝本。其后,毛泽东又在几次规模不等、参会人员各异的会议上多次谈到关于人民内部矛盾的问题。

1957年2月27日,毛泽东以《如何处理人民内部的矛盾》为题,在最高国务会议第十一次(扩大)会议上发表了讲话。他在会前写了一个包括十二个问题的讲话提纲。从现存的讲话提纲来看,毛泽东首先就谈到了两类不同性质的矛盾问题:"(一)两类矛盾:敌对阶级之间,人民内部之间性质不同,处理方法不同"②;"人民内部的问题不能采用粗暴的方法——行政命令的方法和武断压制的方法"③;"'团结—批评—团结'方针,后来推广于党外,逐步发展到整个人民内部"④。毛泽东还在"分清敌我,分清是非""不能采用粗暴的方法"等词句下面加画了着重号以突出。这篇提纲还谈到了"肃反"、合作化、资本主义改造、知识分子和青年学生、如何处理罢工和罢课及请愿、汉族和少数民族、十大关系等问题。毛泽东在会

---

① 中共中央文献研究室编:《毛泽东年谱(1949—1976)》第3卷,中央文献出版社2013年版,第70—71页。

② 中共中央文献研究室编:《建国以来重要文献选编》第10册,中央文献出版社1997年版,第54页。

③ 中共中央文献研究室编:《建国以来重要文献选编》第10册,中央文献出版社1997年版,第54页。

④ 中共中央文献研究室编:《建国以来重要文献选编》第10册,中央文献出版社1997年版,第55页。

《关于正确处理人民内部矛盾的问题》精学导读

议上的讲话基本上是按照这个提纲展开的，大致内容如下。①

（1）两类矛盾问题。毛泽东指出，敌我之间的矛盾，人民内部相互之间的矛盾，是两个问题。但是，今天重点要谈的是人民内部的矛盾。因为我们现在碰到的问题，人民内部的问题占了很大一部分。这两类问题的性质不同，解决的方法也不同。敌我矛盾是对抗性矛盾，人民内部矛盾是非对抗性矛盾。专政就是解决敌我矛盾的。人民自己不能向自己专政，人民有言论自由、集会自由、结社自由、游行示威自由等，这是民主的问题。民主是有领导的民主，是集中指导下的民主，不是无政府主义的。有些人不懂得世界上的具体情况，以为欧洲的民主自由很好，喜欢议会民主，说人民代表大会比西方的议会民主要差，主张搞两党制。还要有两个通讯社，唱对台戏。有人提出早一点取消专政。有人说民主是目的。我们说，民主是手段，也可以说又是目的又是手段。民主是属于上层建筑，属于政治这个范畴。马克思主义的政治经济学告诉我们，人类社会的上层建筑归根结底是为经济基础服务的，改善人民生活是它的目的。有人说外国的自由很好，我们这里自由很少。我说，没有抽象的自由，只有阶级的自由，具体的自由。思想问题，人民内部的问题，不能够采用粗暴的方法来解决。用粗暴的方法来解决思想问题，解决精神世界的问题，解决人民内部的问题，

---

① 中共中央文献研究室编：《毛泽东年谱（1949—1976）》第3卷，中央文献出版社2013年版，第80—86页。

第二章　从最高国务会议上的讲话到十三稿的修改

这样的想法是错误的。民族资产阶级的问题应该放在哪一类矛盾，民族资产阶级是放在人民内部矛盾这一类的。因为民族资产阶级有两面性，民族资产阶级愿意接受宪法，愿意接受社会主义改造，愿意走向社会主义。工人阶级跟民族资产阶级是对抗性的两个阶级，但是对抗性矛盾如果处理得当，可以转变为非对抗性的矛盾。如果我们处理不当，势必会走向对抗。如何处理人民内部的矛盾，是一个新问题。《再论无产阶级专政的历史经验》主要是说国际方面的问题，很少说国内方面的事，并且关于人民内部的矛盾究竟如何解决，没有详细的分析，只有一个原则的说明。历史上，马克思、恩格斯对这个问题谈得很少。列宁简单地谈到社会主义社会对抗消失了，矛盾存在着。列宁已经说人民之间还有矛盾，但还来不及全面地分析这个问题。至于人民内部的矛盾，有没有可能由非对抗性的矛盾转化成对抗性的矛盾，应该说是有可能的。但是，列宁那个时候还没有可能来详细观察这个问题。在斯大林时期，他在很长时期内把这两类矛盾混淆起来了。这两类矛盾本来是容易混淆的，我们也混淆起来过。我们在"肃反"工作中，也曾经并且常常容易把好人当作坏人去整，把本来不是反革命的怀疑他是反革命。这个问题，从前有，现在还有。但是我们有一条，反革命不杀。有了这么一条，就保证在万一错了的时候，有挽回的余地。在延安的时候，1942年我们提出过这样的口号，叫作"团结—批评—团结"，来解决人民内部的矛盾，我们找到这么一个公式。讲详细一点，就是从团结的愿望出发，经过批评或者

《关于正确处理人民内部矛盾的问题》精学导读

斗争,在新的基础上达到新的团结。后来我们把这个公式逐步推广到党外。把这个方法推广到整个人民内部,还可以推广到解除武装的敌人。

(2)"肃反"问题。毛泽东说,"肃反"问题就是第一类矛盾的问题。我们的方针是有反必肃,有错必纠。还有反革命,但是不多了。这两条都是要肯定。如果说现在还有很多反革命,这个意见是不对的,其结果就会要搞乱。

(3)农业社会主义改造。毛泽东指出,1956年下半年以来,上半年那个热潮过去以后,人们冷静地想一想,又发生了一些问题。上半年合作化优越性很大,一到下半年好像优越性就小了,来了一阵风,说合作化不行了!现在的合作社绝大多数还只有一年多一点的历史,是要逐步才能巩固的,大概需要五年。农民生活有所改善,所谓这种观点是不符合事实的。在我们这个国家里,能够这么快地合作化,有很多原因。第一,最基本的原因就是由于中国地少人多,穷得要命,每个人的土地很少,集合起来比较好。第二,我们党和人民政府所采取的是有步骤的方针,分几步走。我们的合作化是增产,如去年增产200亿斤①粮食。

(4)关于资本主义的改造问题。现在有人说资本家不要改造了,跟工人差不多了,甚至还说资本家比工人还高明一点。又有人说,如果要改造,为什么工人阶级不改造?谁说工人阶

---

① 1斤=500克。

第二章 从最高国务会议上的讲话到十三稿的修改

级不要改造!在阶级斗争中改造整个社会,也改造工人阶级自己。资本家一点也不需要改造吗?我看不然。说资产阶级没有两面性了,只有一面性,这是形而上学的观点。

(5)知识分子和青年学生问题。毛泽东提出,知识分子和青年学生有很大进步,但是也有不正确的思想,也有歪风,有那么一些波动。匈牙利事件发生之后,有一些怪议论,讨厌马克思主义,只愿意钻业务,置于什么政治,什么前途、理想,这些东西不看重。好像马克思主义时兴了一个时期,到去年下半年就不难时兴了。所以,要加强思想工作,要加强政治工作。努力学习,除了专业之外,在思想上有所进步,政治上也有所进步,学点马克思主义,学点时事,学点政治,很有必要。如果没有这个东西,就没有灵魂。从前叫德育、体育、智育,我们现在变成"两育"了,德育不要了。所谓德育,就是学点马克思主义,学点政治。

(6)增产节约,反对铺张浪费。反对贪污浪费就等于我们洗脸,人就是要经常洗脸。全国6亿人口都来提倡节约。现在许多人想升官发财的思想大为发展,去年评级就评出一个毛病来了,叫作争名夺利,争名于朝,夺利于市。

(7)统筹兼顾,适当安排。毛泽东指出,这一条战略方针。所谓统筹兼顾,就是我们作计划、办事、想问题,总要从6亿人口这一点出发。我们做的一些事,比如救灾,比如统购统销,比如安排工商业者,安排失业人员就业,所有这些都是统筹兼顾、适当安排。毛泽东还谈到解决失业问题,适龄儿童入学问

《关于正确处理人民内部矛盾的问题》精学导读

题,毕业生就业问题等,这些都需要统筹兼顾、适当安排。

(8)百花齐放,百家争鸣,长期共存,互相监督。毛泽东说,应该肯定,社会主义社会矛盾是存在的。基本的矛盾就是生产关系同生产力之间、上层建筑同经济基础之间的矛盾,这些矛盾都表现为人民内部的矛盾。百花齐放,百家争鸣,长期共存,互相监督,这几个口号是怎样提出来的?就是承认社会上存在各种不同的矛盾。在艺术上、文学上,它就是要表现为百花齐放。在旧社会,几乎一切新生事物在开始出现的时候,都是受打击的。新生力量要想被社会承认,就要经过艰苦奋斗。社会主义社会不同一些,但还是有许多新东西是受压抑的,碰上官僚主义者,碰到顽固派。资产阶级、小资产阶级,他们的思想意识是一定要反映的,而且用各种办法顽强地、千方百计地要表现自己,我们不能用压制的办法不让他们表现,只能够在他们表现的时候,跟他们辩论,加以分析,写文章批评。这些文章不是教条主义的文章,要有充分的说服力。对于文艺作品中反映资产阶级、小资产阶级倾向的东西,应该给予批评,就是要有说服力的批评。教条主义的批评就不能解决问题,而是助长这些不好的东西。批评和自我批评是人民内部教育自己与发展自己事业的一个方针。正确的东西是跟错误的东西作斗争而发展起来的,马克思主义就是这样。

(9)如何处理罢工、罢课、游行示威、请愿。毛泽东指出,这些闹事,不能说主要是因为反革命,而主要是因为我们工作中的缺点,我们不会教育,不会领导。我说人民内部经常不断

第二章 从最高国务会议上的讲话到十三稿的修改

地发生矛盾,罢工、罢课、农民打扁担,去年有,今年还会有,以前几年就有,不能都归咎于匈牙利事件。关于这个问题,我搞了四条办法。第一,可否官僚主义,适当地处理矛盾,使其不闹。第二,官僚主义没有克服,要闹就让他闹,因为你没有解决问题。第三,要闹就让他闹够。应该把工人罢工、学生罢课、农民打扁担,看作我们改善工作,教育工人、学生、农民的一个过程。第四,除个别人以外,一般不要开除。我看将来问题还多。

(10)闹事、出乱子是好事还是坏事?毛泽东指出,罢工、罢课、游行示威、请愿这许多事,我看又好又不好,有两重性。匈牙利事件有两重性,反革命帮了我们的大忙,社会主义阵营都吸取了教训。批评斯大林这个事情,也有两重性。破除对斯大林的迷信,揭开盖子使人家解放,这是一个解放运动。但是,因为揭的办法不对,没有做好分析,一棍子打死,这么一个方法引起全世界去年下半年的几次大风潮,后头又引起波兰、匈牙利事件,所以有其错误的方面。美国不承认我们,我看也有两重性。我们应该被承认,而它不承认,这当然不好。但是,这有个极大的好处,最好再过十一年,第三个五年计划完成,等我们建设得差不多了,请他们来看一看,他们就悔之晚矣。

(11)少数民族和大汉族主义问题。毛泽东说,我国少数民族有几千万,居住地区广大,占中国总面积百分之五十至六十,人口占全国总人口百分之六。这个问题主要是解决大汉族主义。

(12)关于中国可能在第三、四个五年计划之内逐步改变面貌的问题。毛泽东谈到：工业化的道路，苏联有一条。我们现在走的道路跟苏联有些不同。重工业、轻工业、农业的投资比例，应该比较过去有一点改变。苏联是九比一，即百分之九十的重工业，百分之十的轻工业和农业，对于农业刮得太多。这里有个问题，就是农民的积极性不高，市场就不繁荣。重工业的市场在什么地方？在轻工业和农业。我们第一个五年计划的比例是八比一，实行的结果是七比一，比苏联好。重工业还是优先发展，但要走新的道路。这是否能比苏联工业化的速度快一些？看起来要慢一些，实际上反而要快一些。经济问题我们还缺乏经验，我希望不要像革命斗争翻那样大的筋斗。对一切国家都要学，对美国也要学，这是肯定了的。但是我们主要还是学习苏联。学习有两种态度。一种是什么都学，教条主义，好的坏的都搬来。这种态度不好。我们讲的是学习苏联先进经验。

毛泽东讲完这十二个问题，已经是傍晚时分。通篇讲话都是围绕社会主义理论和实践中遇到的大问题展开的。毛泽东讲得深入浅出，谈到了许多新观点和新思想。与会者饶有兴致地聆听着毛泽东的讲话，在场的每一个人都被他讲话中所表现出来的那种对社会主义前途的坚定信心，以及对人民群众、人民政权的信赖和博大的胸怀所深深打动。

三、"我变成了一个游说先生"

1957年2月27日毛泽东关于正确处理人民内部矛盾问题

第二章 从最高国务会议上的讲话到十三稿的修改

的讲话，是毛泽东长期思考酝酿的结果，是他对矛盾问题和社会主义建设问题等一系列重要思想较为系统的阐发。但是，他从来不认为仅靠一次讲话或发一个文件，就能解决问题，特别是对于涉及社会主义事业的重大理论和实践问题。为此，他在公开讲话后不久，从1957年3月1日开始，就在各种不同场合甚至专门到各省区市去阐释他对人民内部矛盾问题的思考，他戏称自己"变成了一个游说先生"①。

1957年3月1日，毛泽东主持召开最高国务会议第十一次（扩大）会议的讨论。李济深、章伯钧、黄炎培、马叙伦、陈嘉庚、陈叔通、郭沫若等对毛泽东于2月27日的讲话表达了感想和意见。毛泽东在会议结束时作了45分钟的总结，其内容有的是对2月27日讲话的补充，有的是对讨论中提出的若干问题作了回答。①关于马克思主义能否批评的问题。毛泽东说，马克思主义是不怕批评的，马克思主义如果能够批评倒，那么这个东西就不行了。所以，不存在马克思主义可不可以批评的问题。②关于老干部能不能批评的问题。毛泽东说，老干部如果批评倒了，那就是该批评的。怕批评，就说明有弱点。新干部、老干部都有弱点，弱点方面都应该批评，并且要成为一种习惯。人民范围内的事情，人民是有批评的权利的。批评对了当然很好，批评不对也没有事，这就是言者无罪。③关于长期共存、

---

① 逄先知、金冲及主编：《毛泽东传（1949—1976）》上，中央文献出版社2003年版，第647页。

《关于正确处理人民内部矛盾的问题》精学导读

互相监督的问题。毛泽东说,长期共存,互相监督,有人说我讲得不够。讲得对,这也是一种批评。什么叫"长期"?就是共产党的寿命有多长,民主党派的寿命就有多长。如何监督?就是用批评、建议的方法来监督。主要的方法就是批评,从团结的愿望出发,经过批评,达到团结,把工作改善。④关于大民主和小民主的问题。毛泽东说,所谓大民主是对付阶级敌人的,这是我们过去所做的。现在工作方法已经改了,是小民主。但有些地方不实行小民主,任何民主都没有,横直是官僚主义。这样就逼出一个大民主来了。于是罢工、罢课就发生了。我们不提倡罢工、罢课,提倡在人民范围之内的问题使用批评的方法来解决。如果个别地方官僚主义十分严重,在这样一种范围内允许罢工、罢课。我们把罢工、罢课、游行、示威、请愿等,看作克服人民内部矛盾,调整社会秩序的一种补充方法。此外,毛泽东还谈到了控制人口的问题、关于单纯技术观点抬头等问题。①

1957年3月6日至13日,在毛泽东的建议下,中共中央在北京召开了全国宣传工作会议,破例邀请了党外人士参加。与会者中有科学、教育、文学、艺术、新闻、出版界等的党外人士约160人,占到全部与会者的1/5。会议听取了毛泽东在最高国务会议第十一次(扩大)会议上所作的《如何处理人民内部

---

① 参见中共中央文献研究室编:《毛泽东年谱(1949—1976)》第3卷,中央文献出版社2013年版,第87—90页。

第二章　从最高国务会议上的讲话到十三稿的修改

的矛盾》的讲话录音，然后进行分组讨论。会议期间，毛泽东分别同宣传、普通教育、文艺、新闻等方面的几十位党内外代表人士举行了六次座谈会。毛泽东一边了解情况，一边发表议论，谈到很多人民内部矛盾的问题，如"无产阶级思想要同资产阶级思想作斗争，是不错的，但必须采取说服教育的方法"①。"过去思想改造是有成绩的，那是大风暴，是粗枝大叶的，基本解决分清敌我，这是有效的。现在是分清是非，就要具体地讲，仔细地一件一件地讲。"②"思想工作不能用一个简单的口号去套一切，现在与过去不同了，要对具体问题进行具体分析。我们要向党内外宣布，在人民内部无所谓专政，在人民内部讲专政是错误的。"③"思想斗争是动口不动手，而且动口要恰当，不是采取专政的办法。思想斗争是文的，要惩前毖后，治病救人，统一战线，团结—批评—团结。我们是当医生，开刀是为了把人救出。"④这些座谈会使他进一步了解到宣传工作和科学文化工作中存在的许多问题，深化了他对社会主义条件下意识形态领域出现的新问题和新特点的认识。

1957年3月12日下午，毛泽东在全国宣传思想工作会议

---

① 中共中央文献研究室编：《毛泽东年谱（1949—1976）》第3卷，中央文献出版社2013年版，第92页。

② 中共中央文献研究室编：《毛泽东年谱（1949—1976）》第3卷，中央文献出版社2013年版，第92页。

③ 中共中央文献研究室编：《毛泽东年谱（1949—1976）》第3卷，中央文献出版社2013年版，第92页。

④ 中共中央文献研究室编：《毛泽东年谱（1949—1976）》第3卷，中央文献出版社2013年版，第93页。

《关于正确处理人民内部矛盾的问题》精学导读

上发表讲话,讲了我们现在处于一个什么样的时期的问题、知识分子问题、教育者要先受教育的问题、整风问题、为人民服务的问题、片面性问题等。在谈到片面性问题时,毛泽东还针对有些同志提出的现阶段是以人民内部的斗争为主,还是以阶级斗争为主的问题进行了回答。他指出,在最高国务会议上讲的如何处理人民内部的矛盾的题目,这里面就包括一部分阶级斗争,比如我们把民族资产阶级放在人民内部来处理。他指出,人民内部斗争问题现在很突出。中共八大作了结论的,大规模的阶级斗争已经完结了,现在突出的是人民内部的斗争。小资产阶级思想,这是人民内部的问题。中国资产阶级的问题,我们当作人民内部的问题处理。应该做具体的分析,不要不适当地扣大帽子,似乎要扣一顶帽子就好办事了。①毛泽东在讲话最后再次强调:"我们国内革命时期的大规模的急风暴雨式的群众阶级斗争已经基本结束,思想问题现在已经成为非常重要的问题。各地党委的第一书记应该亲自出马来抓思想问题。"②

1957年3月17日,毛泽东乘专列离开北京,他的目的地是杭州。他打算利用这次出行的机会,沿途演讲,"题目仍然是如何处理人民内部矛盾。这个问题在他看来,太大、太重要

---

① 逄先知、金冲及主编:《毛泽东传(1949—1976)》上,中央文献出版社2003年版,第639—640页。

② 中共中央文献研究室编:《毛泽东年谱(1949—1976)》第3卷,中央文献出版社2013年版,第109页。

第二章　从最高国务会议上的讲话到十三稿的修改

了,他要唤起全党的高度重视"①。

1957年3月17日中午,毛泽东抵达天津。晚上,他来到人民剧场,在天津市党员干部会议上发表了讲话。毛泽东谈到,我们过去几十年,虽然也搞建设,但主要的工作就是阶级斗争。打倒蒋介石,抗美援朝,土地改革,还有社会主义改造,都属于阶级斗争的范围。现在,大规模的、群众性的阶级斗争基本上结束了,中共八大决议上面已经说了。我们全党要来搞建设,要学科学,要学会率领整个社会跟自然界作斗争,把中国的面貌加以改变。为此,我们要向党外的民主人士学习。对于阶级斗争基本结束而显露出来的各种不满意和许多错误言论,我们应该采取什么方针?我们应该采取"百花齐放、百家争鸣"的方针,在讨论中、在辩论中去解决。只有这个方法,别的方法都不妥。而现在党内有一种情绪,就是继续过去那种简单的方法,你不听话就"军法从事"。那是对付敌人的,那个办法不行。凡是科学方面的问题,思想方面的问题,精神方面的问题,都不能够用粗暴的方法。有两个方法,是采取压服的方法,还是采取说服的方法?压是压不服人的,只会使我们处于不利的地位。我们要学会说理,学会写说理的文章,学会作说理的报告。至于各种错误的意见在报纸上、刊物上发表,也不会把人民政府搞乱,因为他们不是反革命,不是特务,他们中的大多

---

① 逄先知、金冲及主编:《毛泽东传(1949—1976)》上,中央文献出版社2003年版,第642页。

《关于正确处理人民内部矛盾的问题》精学导读

数愿意跟我们合作，只有极少数人是敌视我们的。如果我们把自己的眼睛、耳朵都封起来，那就很危险。我们就是叫人们自己去思考，就是不要把自己封锁起来。马克思主义是同它的敌对力量作斗争中创造出来的，发展起来的，现在还要发展。若采取压服的方法，不让百花齐放、百家争鸣，那就会使我们的民族不活泼，简单化，不讲道理，使我们党不去研究说理，不去学会说理。①

1957年3月18日早晨，毛泽东抵达济南。当晚，到山东省政府大礼堂，在山东省级机关处以上党员干部会议上发表讲话。毛泽东指出，去年下半年以来，社会上，人们的思想上有一些乱，比如批评共产党的人多了、人民内部闹事也发生不少等。对此，党内出现两种人，一种是外面讲什么，他们也跟着讲；另一种就想收，谁不听话的时候就压一下。应当说，这些问题的发生有国际上的原因，如苏共二十大和波兰事件的影响，但主要还是我们国内的原因，是我们工作中的错误、主观主义的错误、官僚主义的错误、宗派主义的错误等引起的。思想上的问题过去也有，但是被大规模的阶级斗争所掩盖了。毛泽东还在讲话中突出了一个在之前的讲话都没有讲到或明确的内容，他强调：党的八大已经明确大规模的阶级斗争基本上结束了。这个结论是合乎情况的。所谓基本结束，就是说还有阶级

---

① 中共中央文献研究室编：《毛泽东年谱（1949—1976）》第3卷，中央文献出版社2013年版，第113—114页。

第二章　从最高国务会议上的讲话到十三稿的修改

斗争,特别是表现在意识形态这一方面。只说基本结束,不说全部结束,这一点要讲清楚,不要误会,这个尾巴要吊很长时间。特别是意识形态这一方面的阶级斗争,就是无产阶级思想跟资产阶级思想的斗争,这个争鸣是要争几十年的。①此外,毛泽东指出,意识形态上面的阶级斗争,我们是把它当作内部矛盾来处理的。思想的问题,精神方面的问题,不是用粗暴的方法能够解决的。我们应当提倡大家公开民主的讨论、平等的讨论,互相争辩,这样的方法就是用说服的方法,不用压服的方法。如果我们是采取放的方法,采取说服的方法,我们的国家就会兴盛起来。民主是对人民的,专政是对付敌人的。人民内部的关系是一种民主的关系。如果我们搞错了,把专政的范围扩大到人民内部,凡是有矛盾、有问题就用压服的办法,那么我们这个国家就可能受到很大的损失。而且总有一天要回过头来,有压服不了的时候。这样做会不会很危险?不会的。不同的意见只会因为辩论、民主的讨论而得到正确的解决,得出真理,文学艺术方面会更活泼,会发扬创造性,科学方面会更加发展起来。阶级斗争基本结束,我们的任务转到什么地方?就是要转入到搞建设,率领整个社会,率领六亿人口,同自然界作斗争,把中国兴盛起来,变成一个工业国。按照中共八大所说的,社会主义制度同资本主义制度斗争谁胜谁负的问题基本上解决了,就是社会主义基本上胜利了。但还不是最后胜利,最后胜

---

① 中共中央文献研究室编:《毛泽东年谱(1949—1976)》第3卷,中央文献出版社2013年版,第115—116页。

《关于正确处理人民内部矛盾的问题》精学导读

利还要有一个时期,大概要三个五年计划。至于两种思想的斗争,资产阶级思想同无产阶级思想,马克思主义同非马克思主义的斗争,意识形态方面的谁胜谁负,还需要更长一点的时间。我们要好好争取知识分子队伍,使他们变成无产阶级知识分子。我们还要争取党外人士。为此,我们党要先把自己的作风整顿一下,整风是用批评和自我批评解决党内矛盾的一种方法,也是解决党同人民之间的矛盾的一种方法。要经过整风,把我们党艰苦奋斗的传统好好发扬起来,把我们的官僚主义、主观主义和宗派主义这些东西吹掉。①

1957年3月20日上午,毛泽东前往南京市人民大礼堂,给江苏、安徽两省及南京军区的党员干部会议上发表讲话。他讲的第一个问题,是关于当前阶段的基本特点。他指出,过去的阶级斗争基本上结束了,现在我们处于一个转变时期:由阶级斗争到向自然界作斗争,由革命到建设,由过去反帝反封建的革命和后面的社会主义革命到技术革命,再到文化革命。现在的中心任务是搞建设。毛泽东讲的第二个问题,是如何处理人民闹事。毛泽东强调,要分清两类矛盾。对于第一类敌我矛盾,现在存在的两种观点都不妥当。一种认为世界上太平无事了,对一些应该依法处理的反动分子和坏人不依法处理。另一种是夸大说现在还有许多反革命。现在还有暗藏的反革命,这

---

① 中共中央文献研究室编:《毛泽东年谱(1949—1976)》第3卷,中央文献出版社2013年版,第116—117页。

第二章　从最高国务会议上的讲话到十三稿的修改

一点要肯定。但是过去肃反根本上是正确的，我们不会出匈牙利那样的事情，其中的原因之一就是我们肃清了反革命。对人民闹事，要采取完全新的方法。对犯了法的人，应该按照法律程序处理。其他的人，应该说服教育，不要开除。许多同志对于人民跟我们闹事没有精神准备。因为过去我们跟人民一道反对敌人，现在敌人不在了，看不见敌人了，就剩下我们跟人民，他们不向我们闹，向谁闹呢？对于人民闹事，有主张用老办法对付的，叫警察抓人。这实际上是国民党的办法。也有束手无策的，完全是没有办法。不怕帝国主义，不怕蒋介石，就是怕老百姓，还没有学好怎么处理人民闹事。要跟党内外公开提出这个问题，展开讨论，办法就来了。①第三个问题，是关于统筹兼顾，适当安排，加强思想教育的方针。毛泽东认为，几百万知识分子是我们的财产，人民的教员，对这些人不能搞唯成分论，对他们的进步要肯定。第四个问题，是百花齐放，百家争鸣，长期共存，互相监督。毛泽东谈到，现在党外人士怕我们"收"，说我们"放"得不够。我们的同志则有一点想收。中央的意见是应该放，"高压政策不能解决问题，人民内部的问题不能采取高压政策"②。中国的情形与匈牙利不同，共产党和人民政府有很高的威信，不会发生匈牙利那样的事件。马

---

① 中共中央文献研究室编：《毛泽东年谱（1949—1976）》第3卷，中央文献出版社2013年版，第118页。
② 中共中央文献研究室编：《毛泽东年谱（1949—1976）》第3卷，中央文献出版社2013年版，第120—121页。

《关于正确处理人民内部矛盾的问题》精学导读

克思主义是真理，这是批评不倒的。有各种批评是可以的，但批评的结果，批评的目的，就是要巩固民主集中制，巩固党的领导，绝对不能像敌人所希望的那样，造成无产阶级队伍的涣散和混乱。毛泽东最后说，全党应当加强思想工作，今天讲的总题目就是思想工作，思想问题。

  1957年3月20日下午，毛泽东抵达上海，在上海中苏友好大厦，向上海市党员干部发表讲话。讲话内容和南京的讲话大致相同，但更为系统。毛泽东也是从现在所处的时期讲起的。他强调，现在我们处于由革命到建设的转变时期。在建设过程中离不了人与人之间的斗争，这就包括阶级斗争。我们说阶级斗争基本完结，就是说还有些没有完结，特别是在思想方面，无产阶级与资产阶级之间的斗争，还要延长一个相当长久的时间。去年4月在中央政治局（扩大）会议上谈十大关系时，谈了敌我问题和是非问题，在那个时候还没有说到阶级斗争基本结束了，到了去年下半年党召开代表大会时，才肯定地讲这一点。现在情况更明白了，就需要更加详细地告诉全党："不要使用老的方法来对待新的问题，要分清敌我之间的矛盾和人民内部的矛盾。必须承认社会主义社会存在矛盾。"[①]毛泽东还谈到，凡是出官僚主义的地方，那个地方就有可能发生群众闹事的事件。出了闹事的问题我们怎么看？应当看到这是正常现象，并且把处理闹事作为调

---

① 中共中央文献研究室编：《毛泽东年谱（1949—1976）》第3卷，中央文献出版社2013年版，第122页。

第二章　从最高国务会议上的讲话到十三稿的修改

整社会秩序的一种方法。对于知识分子，我们的任务就是争取他们。有步骤地改变知识界的状况，改变他们的世界观。马克思主义只能逐渐地说服人，不能强行灌进去，灌是解决不了问题的。不仅是纯粹科学艺术方面，即使是涉及政治性的是非问题，只要不属于反革命一类，也要让他们自由讲话。一般人说错了话，或者闹了事，不能对他们使用专政的方法，只能采取民主的方法。毛泽东最后说，我们的文化、科学、经济、政治，我们的整个国家，一定可以繁荣发展起来，人民的政治情绪，人民跟政府的关系，领导者跟被领导者的关系，人民与人民之间的关系，将是一种合理的、活泼的关系。我们要把中国变成一个活泼的国家，使人民敢于批评，敢于说话，有意见敢于说，不论什么都可以说。按照这样的方针，我们的希望就一定可以实现。①

1957年3月22日，毛泽东在杭州会见了来访的捷克斯洛伐克总理西罗基，再次谈到人民内部矛盾问题。毛泽东说，斯大林在很长一段时间内不承认社会主义社会有矛盾，把人民的某些不满看作阶级矛盾，当作敌人来处理，结果打错了许多人。鉴于这种教训，我们把矛盾分成两种，第一种是阶级矛盾，我们基本上已解决；第二种是人民内部的矛盾。对人民内部的矛盾则应用民主的方法，但这种民主应该是有领导的民主，而不是无政府主义。在人民内部，民主和集中的关

---

① 参见中共中央文献研究室编：《毛泽东年谱（1949—1976）》第3卷，中央文献出版社2013年版，第123—124页。

系是很重要的。"我现在正在反复说明这个道理,到处进行游说,成了一个游说家。"①

在毛泽东发表题为《如何处理人民内部的矛盾》的讲话后,从最高国务会议第十一次(扩大)会议的大会讨论到全国宣传工作会议,以及南下途中在天津、济南、南京、上海等地的讲话,毛泽东结合党内外出现的许多新情况,对如何处理人民内部矛盾问题进行宣传、阐释,并继续探索、思考和研究。他一边讲,一边整理和补充自己的思想,使其更丰富、更条理化、更周密。他着重分析了社会主义改造完成后中国社会现阶段处于转变时期的特点。这种转变,引起了社会各种矛盾的变化。社会主义社会存在敌我矛盾和人民内部矛盾,大规模的群众性阶级斗争已经基本结束,但还没有完全结束,阶级斗争特别是意识形态领域的阶级斗争还要长期存在。由于社会的大变动,人民内部矛盾突出出来,我们如何处理,是一个重大问题。毛泽东强调,解决人民内部矛盾,解决精神世界的问题,只能采取"百花齐放,百家争鸣"的方针,采取"团结—批评—团结"的方式,即用说理的方法、讨论的方法、民主的方法。讲到民主,毛泽东认为,民主既是目的又是手段,它是为经济基础、为提高人民生活水平服务的。马克思主义是在同错误思想的斗争中不断发展的。人民要接触各种思想包括错误思想,只有

---

① 中共中央文献研究室编:《毛泽东年谱(1949—1976)》第3卷,中央文献出版社2013年版,第124页。

第二章　从最高国务会议上的讲话到十三稿的修改

这样才有抵御和鉴别错误思想的能力。毛泽东在宣传、阐释中进一步思考和补充，很多内容后来补充到正式发表的《关于正确处理人民内部矛盾的问题》一文中了。

四、十三稿的修改（三个阶段）

1957年4月，毛泽东从杭州回到北京。这时全国各地都在讨论毛泽东关于正确处理人民内部矛盾的讲话，并对党在作风方面存在的问提出了不少批评意见。全党整风的序幕实际上已经拉开了。从最高国务会议第十一次（扩大）会议讲话后，经过一系列的宣传、阐释，再加上出现的一些新情况，毛泽东对正确处理人民内部矛盾问题的思考逐渐深入。他把能不能正确处理人民内部矛盾，看作新形势下党的事业能否向前推进的主要问题。他在4月19日为中共中央起草了一个指示，要求各省区市党委、中央各部和国家机关各党组，限期将关于正确处理人民内部矛盾问题的讨论和执行情况上报中央。他担心党的领导跟不上迅速发展的形势，决定提前发动整风运动。在全党整风运动的安排已大体就绪后，毛泽东从1957年4月24日开始，修改关于如何处理人民内部矛盾问题的讲话稿，从这一天开始，只要没有重大活动，他就专心做修改工作，前后共修改了十三稿，历时近两个月。修改讲话稿用的底本，是胡乔木的第二次整理稿，胡乔木把一些过于口语化和内容

《关于正确处理人民内部矛盾的问题》精学导读

重复的地方尽量删掉,并加了十二个小标题。在这期间,中国的政治情况发生了急剧变化,这些情况也反映到了毛泽东对讲话稿的修改过程中。

从4月24日起,修改工作时断时续,到5月7日,形成了第一个修改稿,他称为自修稿第一稿。5月8日到10日,毛泽东又连续修改出了自修稿第二、三、四稿,这是第一阶段。

在自修稿第一稿的基础上,毛泽东把标题改为"关于正确处理人民内部矛盾的问题",并确定了十二个题目:①关于敌我之间的矛盾和人民内部的矛盾;②关于肃清反革命分子;③关于农业合作化;④关于资本家的改造;⑤关于知识分子和青年学生;⑥关于节约;⑦从六亿人口出发;⑧关于百花齐放、百家争鸣、长期共存、互相监督;⑨关于如何处理罢工、罢课等事件;⑩乱子是坏事还是好事?⑪少数民族问题;⑫关于中国工业化的道路。

这一稿主要补充了以下内容。第一节"关于敌我之间的矛盾和人民内部的矛盾",增加了关于民主和集中、自由和纪律相互关系的论述:"民主自由都是相对的,不是绝对的,并且都是在历史上发生和发展的。在我们的社会里,民主是对集中而言,自由是对纪律而言。这些都是一个统一体的两个矛盾着的侧面,它们是矛盾的,又是统一的,我们不应当片面地强调某一个侧面,而把另一个侧面给否定掉。在我们的社会里,不可以没自由,也不可以没有纪律,不可以没有民主,也不可以没有集中。这些道理,广大人民是完全懂得

第二章 从最高国务会议上的讲话到十三稿的修改

的。"①还增加了一大段关于要用马克思主义对立统一规律来观察和处理问题的论述。这是毛泽东这次修改中的重要补充，提升了这篇文章的理论价值。

第二节"关于肃清反革命分子"。这是直到发表为止改动最小的一节。

第三节"关于农业合作化"。改动最大，有些段落被整段地改写了，但所要回答的主要问题，仍然是原来的那些关于合作社有没有优越性、能不能巩固、农民生活有没有改善、他们的生活是不是很苦等，改动后的内容论述得更加全面和更有条理化了。同时，增加了一些论述："我国有五亿多农业人口，农民的情况如何，对于我国经济的发展和政权的巩固，关系极大。"②

第四节"关于资本家的改造"。这一节补充的内容不多，主要是加了一个观点：我国私营工商业改造"所以做得这样迅速和顺利，是跟我们把工人阶级同民族资产阶级之间的矛盾当作人民内部矛盾去处理，密切相关的"③。

第五节"关于知识分子和青年学生"。这一节增加了肯定知识分子的绝大多数在最近几年中有了很大进步的论述，同时

---

① 逄先知、金冲及主编：《毛泽东传（1949—1976）》上，中央文献出版社2003年版，第677—678页。

② 中共中央文献研究室编：《毛泽东年谱（1949—1976）》第3卷，中央文献出版社2013年版，第149页。

③ 逄先知、金冲及主编：《毛泽东传（1949—1976）》上，中央文献出版社2003年版，第678页。

《关于正确处理人民内部矛盾的问题》精学导读

强调团结知识分子、改善同他们的关系的重要性，指出"我国的社会主义建设，离开这些知识分子，就一步也不能前进"[①]。

第六节"关于节约"。这一节主要增加了关于企业规模问题的内容："我们必须建设少数规模大的现代化机械化的企业以为骨干，没有这个骨干就不能使我国在几十年内变为现代化的工业强国。但是大多数企业不应当这样做，应当从小规模做起，逐步发展，并且应当充分利用旧社会遗留下来的工业基础，应当力求节约，用较少的钱办较多的事。"[②]

第七节"从六亿人口出发"。原来的标题是"关于六亿人口的统筹兼顾，适当安排"，主要是举例说明六亿人口的统筹兼顾、适当安排是一个牵动全局的大问题。这次修改，把这些内容大大压缩，而着重阐述统筹兼顾、适当安排这一方针："我国有六亿人口，这是一个客观存在，这是我们的本钱。我们做计划，办事，想问题，就要从这一点出发，千万不要忘记这一点。我国有六亿人口，好处就在这里，困难也在这里。困难就是矛盾，矛盾总得去解决，也总是可以解决的。我们的方针是统筹兼顾，适当安排。可以设想另外一种方针，就是照旧社会那样，对于大批有困难的人抛弃不管。人民政府不能这样做。这是制造矛盾的办法，不是解决矛盾

---

① 中共中央文献研究室编：《毛泽东年谱（1949—1976）》第 3 卷，中央文献出版社 2013 年版，第 149 页。
② 逄先知、金冲及主编：《毛泽东传（1949—1976）》上，中央文献出版社 2003 年版，第 678 页。

第二章 从最高国务会议上的讲话到十三稿的修改

的办法。"①

第八节"关于百花齐放、百家争鸣、长期共存、互相监督"。这是1957年2月27日讲话中的重点内容之一。这次修改主要是文字性的,只在个别内容上作了一些补充。在"必须承认社会主义社会中存在着各种矛盾"后面补充了"正是这些矛盾推动社会继续向前发展,社会主义社会的矛盾同旧社会的矛盾具有不同的情况和性质罢了"②。在谈到新生事物只能在斗争中发展时,补充了一段:"和旧社会比较起来,社会主义社会对待新生事物的条件好得多,但是仍然存在着矛盾,压抑新生力量,压抑合理化建议,仍然是经常存在的。不是由于压抑,只是由于鉴别不清,也会发生矛盾,也需要有一个鉴别的时间。"③在谈到"长期共存、互相监督"的方针时,补充了这样的话:"我们提出让各民主党派和共产党一道长期共存,并且互相监督,只许做好事,不许做坏事,这有什么不好呢?无论是共产党,或者是民主党派,监督它们的首先是人民。再则,政党的党员又监督政党的领导者。现在我们加上一条,各个政党互相监督,这样岂不是更有益处吗?监督的方法,就是团结—批评—团结。这个方法是百花齐放、百家争鸣的方法,是长期共存、互相监

---

① 逄先知、金冲及主编:《毛泽东传(1949—1976)》上,中央文献出版社2003年版,第679页。
② 逄先知、金冲及主编:《毛泽东传(1949—1976)》上,中央文献出版社2003年版,第679页。
③ 逄先知、金冲及主编:《毛泽东传(1949—1976)》上,中央文献出版社2003年版,第679页。

《关于正确处理人民内部矛盾的问题》精学导读

督的方法,是解决一切人民内部矛盾的方法。"①

第九节"关于如何处理罢工、罢课等事件"。这一节没有较大改动,主要是根据南下时的讲话内容加了一句:"应该把群众闹事看作在特殊情况下教育干部和群众的一种手段。"②

第十节"乱子是坏事还是好事?"。这一节改动不多。

第十一节"少数民族问题"。这一节对西藏问题作了一些修改。

第十二节"关于中国工业化的道路"。这一节改得更加条理化和理论化,明确提出"发展工业必须和发展农业同时并举"③。在批评学习苏联经验的教条主义态度之后,补充了一段话:"学习的时候用脑筋想一下,学那些和我国情况相适合的东西,即批判地吸取有益的经验,我们需要的是这一种态度。"④

5月8日上午,毛泽东改出自修稿第二稿。这一次修改,标题有两处改动,第一节改为"关于两类不同性质的矛盾";第四节改为"关于工商业者的改造"。内容方面的改动,集中在第一节和第八节。

---

① 逄先知、金冲及主编:《毛泽东传(1949—1976)》上,中央文献出版社2003年版,第679—680页。
② 逄先知、金冲及主编:《毛泽东传(1949—1976)》上,中央文献出版社2003年版,第680页。
③ 中共中央文献研究室编:《毛泽东年谱(1949—1976)》第3卷,中央文献出版社2013年版,第149页。
④ 逄先知、金冲及主编:《毛泽东传(1949—1976)》上,中央文献出版社2003年版,第680页。

第二章 从最高国务会议上的讲话到十三稿的修改

第一节在谈到不能用强制的方法去解决人民内部矛盾的地方,补充了一段:"人民为了有效地进行生产和有秩序地过生活,要求自己的政府和生产的领导者发布各种适当的带强制性的行政命令。没有这种行政命令,社会秩序就无法维持,这是人们的常识所了解的。这和用说服教育的方法去解决人民内部的矛盾是两件事,不能混为一谈。为着维持社会秩序之目的而发布的行政命令,也要伴之以说服教育,单靠行政命令,许多时候就行不通。何况政府与人民之间或者各部分人民之间已经发生矛盾,不去调查研究矛盾的情况,讨论解决的方法,单靠行政命令,会有什么效力呢?至于人们精神世界的问题,例如艺术、科学、哲学、宗教等,那就更加不能采用强制方法了。"①

第八节在谈到社会主义社会的基本矛盾时,补充了一段:"我国现在的社会制度比较旧时代的社会制度要优胜得多。如果不优胜,旧制度就不会被推翻,新制度就不能建立。但是这并不是说新社会就没有矛盾了。没有矛盾的想法是很天真的想法。……所谓社会主义生产关系比较旧时代生产关系是能够适应生产力发展的性质,就是指这种能够容许生产力不断扩大,因而使人民不断增长的需要能够得到相当满足的情况。我国解放才七年,社会主义制度刚刚建立,广大群众一面欢迎新制度,

---

① 逄先知、金冲及主编:《毛泽东传(1949—1976)》上,中央文献出版社2003年版,第681页。

《关于正确处理人民内部矛盾的问题》精学导读

一面又还不大习惯,政府工作人员经验也不多,需要有一个巩固、习惯、重新学习和取得经验的过程。在这个时候,我们提出严格划分敌我与人民内部两类矛盾的界线,采取和平方法解决人民内部的矛盾,以便团结全体人民进行一场新的战争——向自然界开战,发展我们的经济,发展我们的文化,使全体人民比较顺利地走过目前的过渡时期,巩固我们的新制度,建设我们的新国家,就是十分必要的了。"[①]第八节补充的这些内容,后来移到了第一节中。

其他几节的修改,大致是这样的。第五节,加重了对前几年知识分子思想改造成功的肯定,又强调了对知识分子继续进行思想改造的必要性。第七节,讲统筹兼顾、适当安排方针时,补充了一段:"不可以嫌人多,嫌人落后,嫌事情麻烦难办,推出门外了事。我这样说,是不是要把一切人一切事都由政府包下来呢?当然不是。许多人,许多事,可以由社会想办法,社会是能够想出很多很好的办法来的。而这也就包括在统筹兼顾、适当安排的方针之内,我们应当指导社会这样做。"[②]另外,谈到计划生育问题,修改为:"我国人口增加很快,每年大约要增加一千二百万至一千五百万,这也是一个重要问题,近来社会上谈这个问题的人多起来了。

[①] 中共中央文献研究室编:《毛泽东年谱(1949—1976)》第3卷,中央文献出版社2013年版,第150—151页。

[②] 逄先知、金冲及主编:《毛泽东传(1949—1976)》上,中央文献出版社2003年版,第682页。

第二章　从最高国务会议上的讲话到十三稿的修改

对于这个问题，似乎可以研究有计划地生育的办法。如果这个办法可行的话，也只能在人口稠密的地方研究实行，只能逐步地推行，并且要得到人民的完全合作。"①第九节，对闹事问题做了较为系统的分析："我们必须相信，我们的人民是很守纪律的，是很讲道理的，他们决不无故闹事。闹事的只是极少数无可忍耐或者未受教育的人们。在我们这样一个大国家里，有少数人闹事，并不值得大惊小怪，倒是足以调整社会秩序，惩罚官僚主义。我们社会里也有少数蛮不讲理、行凶犯法的人。对于这种人，我并不赞成放纵他们，相反，必须给予严格的惩治。惩治这种人，是社会广大群众的要求，不予惩治是违反群众意愿的。"②

1957年5月8日晚上十点，毛泽东改出自修稿第三稿。这次修改主要是第一节、第七节、第八节、第十节。另外，修改了两个标题，第五节改为"关于知识分子"，第九节改为"关于群众闹事"。

第一节在谈到民主与专政的关系时，补充了一段："我们的专政，叫做人民民主专政。这就表明，在人民内部实行民主制度，而由工人阶级团结全体有公民权的人民，首先是农民，向着过去的剥削者、压迫者实行专政。所谓公民权，在政治方

---

① 逄先知、金冲及主编：《毛泽东传（1949—1976）》上，中央文献出版社2003年版，第682页。

② 逄先知、金冲及主编：《毛泽东传（1949—1976）》上，中央文献出版社2003年版，第682—683页。

《关于正确处理人民内部矛盾的问题》精学导读

面,就是说有自由和民主的权利。"①在谈到只有具体的民主和自由的后面,加写了:"有了资产阶级的民主,就没有无产阶级的民主。有些国家也容许共产党存在,但是以不危害资产阶级的根本利益为限度,超过这个限度就不容许了。"②

第七节增加和改写了一段话:"为什么要提出这样一个问题,难道还有人不知道我国有六亿人口吗?知道是知道的,不过办起事来有些人就忘记了,似乎人越少越好,圈子紧缩得越小越好。抱有这种小圈子主义的人们,对于这样一种思想是抵触的:调动一切积极因素,团结一切可能团结的人,并且将一切消极因素转变为积极因素,为建设社会主义的伟大目标服务。我希望这些人扩大眼界,真正承认我国有六亿人口,承认这是一个客观存在,是我们的本钱。"③

第八节在论述"长期共存、互相监督"的方针时,补充了两段话。一段是关于这个方针的提出过程:"'长期共存、互相监督'这个口号不是突然提出来的,酝酿了好几年。互相监督,早已是事实,已有七年了,不过从现在起应当做得更好些。长期共存的思想也已存在很久了。我记得在一九四九年开第一次政治协商会议的时候,我就说过含有长期共存

---

① 逄先知、金冲及主编:《毛泽东传(1949—1976)》上,中央文献出版社2003年版,第683页。
② 逄先知、金冲及主编:《毛泽东传(1949—1976)》上,中央文献出版社2003年版,第683页。
③ 中共中央文献研究室编:《毛泽东年谱(1949—1976)》第3卷,中央文献出版社2013年版,第151页。

第二章 从最高国务会议上的讲话到十三稿的修改

这个意思的话,以后也说过。到去年,阶级斗争基本结束,这个口号就可以明确地提出来了。"①另一段是关于为什么要让民主党派与共产党长期共存的。写得很长,经过后来的修改,只保留了几句话:"一个人或一个党,耳边如果没有不同的声音,那是很危险的。大家知道,主要监督我们的是劳动人民和我们自己,并不是民主党派。但是有了民主党派,对我们更为有益。"②(正式发表时,这几句话又有所修改。)毛泽东还写了另一句话:"共产党力量很大,怕的是没有人讲闲话,不怕天下大乱。这个天下是乱不了的。"③这反映了毛泽东当时对政治形势的一种判断。后来,形势发生变化,再次修改时,毛泽东把这句话删去了。

第十节,加写了一段关于矛盾着的对立物互相转化的论述:"总之,互相对立的两方面,无不在一定条件下互相转化其地位。在这里,条件是重要的。没有一定的条件,斗争着的双方都不会转化。世界上最愿意变化自己地位的是无产阶级,其次是半无产阶级,因为一则全无所有,一则有也不多。现在美国操纵联合国的多数票和控制世界很多地方的局面只是暂时的,这个局面总有一天要起变化的。中国的穷国地位和在国际上无权的地位

---

① 逄先知、金冲及主编:《毛泽东传(1949—1976)》上,中央文献出版社2003年版,第684页。
② 逄先知、金冲及主编:《毛泽东传(1949—1976)》上,中央文献出版社2003年版,第684页。
③ 逄先知、金冲及主编:《毛泽东传(1949—1976)》上,中央文献出版社2003年版,第684页。

《关于正确处理人民内部矛盾的问题》精学导读

也会起变化，穷国将变为富国，无权将变为有权——向相反的方向转化。在这里，决定地需要的条件就是社会主义制度和人民一齐努力。"①

5月9日和10日，毛泽东继续修改，改出了自修稿第四稿。这一稿的改动不多。稍大一点的改动有两处：一是第四节的标题又改为"关于私营工商业者"；二是去掉了第七节中的计划生育问题，加写了另外一句话，"我国人多是好事，当然也有困难"②。毛泽东把这个修改稿注明为草稿第一稿，并决定在小范围里征求意见，致信刘少奇、周恩来、朱德、陈云、邓小平、彭真、陆定一、陈伯达、康生、胡乔木、李维汉、胡绳、邓力群、田家英等。毛泽东在征求意见稿上批示："请收到此件的同志提出修改意见，交陈伯达同志汇总修改。"③

毛泽东集中精力修改《关于正确处理人民内部矛盾的问题》的工作，到此暂时告一段落。这时党外人士帮助共产党开展整风运动进入高潮，毛泽东的注意力从修改文章又转到了全党整风运动上。5月8日到6月3日，中共中央统战部受中央委托，在全国政协礼堂举行了各民主党派负责人座谈会，征求对统战工作的意见。全国各界著名的民主人士聚集一堂，他

---

① 中共中央文献研究室编：《毛泽东年谱（1949—1976）》第3卷，中央文献出版社2013年版，第151—152页。
② 逄先知、金冲及主编：《毛泽东传（1949—1976）》上，中央文献出版社2003年版，第685页。
③ 中共中央文献研究室编：《毛泽东年谱（1949—1976）》第3卷，中央文献出版社2013年版，第152页。

第二章　从最高国务会议上的讲话到十三稿的修改

们的发言，是党外各种意见的一个集中反映。截止到5月15日，民主党派人士的座谈会已经召开过六次。当时，社会上出现了一些越来越偏激的批评意见，这种气氛影响到了5月13日的第五次座谈会和5月15日的第六次座谈会。毛泽东原来认为，由于中国共产党的崇高威望和治国业绩，中国不会发生像匈牙利事件那样的情况。他真诚地希望党外人士帮助共产党整风，并希望通过社会上的一些公开批评，在党内形成一定的压力，促使党的各级领导正视错误、改正缺点。但是，对于整风鸣放过程中出现的一些否定中国共产党的领导和社会主义道路的错误言论，逐渐偏离整风的正确处理人民内部矛盾的主题时，毛泽东是完全没有预料到的，这引起了他的高度警觉。

5月15日毛泽东写了一篇文章，题目为《事情正在起变化》，用严厉的措辞对当时整风鸣放的形势和党内外思想政治状况进行了分析，并第一次提出了右派猖狂进攻的问题，目的是要党内对反击右派进攻在思想上有所准备。这篇文章标志着毛泽东在思想上发生了重要变化。直到5月20日后，毛泽东才感觉到对鸣放动态大致"摸底"了，"才真不怕"[1]。5月23日，邓小平在中央政治局（扩大）会议上也曾说："开始几天，人心里面有点急。后来看到那个反动的东西愈多，心

---

[1] 逄先知、金冲及主编：《毛泽东传（1949—1976）》上，中央文献出版社2003年版，第696页。

里就安定了，舒服了。有些人担心是不是会出乱子。总的估计是出不了乱子。"[①]这一变化，对他继续修改《关于正确处理人民内部矛盾的问题》的讲话，产生了重要影响。

从5月24日开始，毛泽东继续对《关于正确处理人民内部矛盾的问题》进行修改，并在5月24日、25日、27日、28日和6月1日改出了征求意见的第二、三、四、五、六稿。这一时期，他的修改更多地体现了面对右派进攻所作的观察和思考，这是修改的第二阶段。

5月24日，毛泽东改出用来征求意见稿的第二稿。他要求在更大范围里征求意见，包括在京的中央委员和候补中央委员，还有田家英、胡绳、邓力群。这次修改，毛泽东对各节标题和顺序又作了一些修改调整，将第六节"关于节约"和第十一节"少数民族问题"的次序对调了一下。在内容方面，主要作了以下修改和补充。

第一节增加了关于人民民主专政防御外部敌人作用的论述；把第八节中关于社会主义社会基本矛盾和平衡与不平衡的对立统一的一大段论述，移到了这一节。

第三节增加了关于必须经常注意从生产问题和分配问题上处理合作社的许多矛盾的论述。

第四节适当强调了工商业者必须加强思想改造。

[①] 逄先知、金冲及主编：《毛泽东传（1949—1976）》上，中央文献出版社2003年版，第697页。

第二章 从最高国务会议上的讲话到十三稿的修改

第五节增加了关于知识分子必须完成世界观上的根本转变的一大段论述。

第七节有少量补充,恢复了关于人口问题的内容。

第八节有两处重要变动。一处是把"我国虽然基本上结束了阶级斗争,资产阶级还在,小资产阶级刚刚在改造"这句话,修改为:"在我国,虽然社会主义社会改造已经基本完成,大规模的群众性的阶级斗争已经基本结束,但是资产阶级还存在,小资产阶级刚刚在改造。无产阶级思想和资产阶级思想之间的斗争,还是尖锐的,长期的,有时甚至是很激烈的。"①这是吸收了南下谈话的内容,并根据新近暴露出来的问题,对阶级斗争所作的描述。在随后的5月25日、27日、28日的修改中,毛泽东对这段话作了三次补充修改。另一处是增加了批判修正主义的内容,强调无产阶级思想和资产阶级思想斗争的尖锐性,强调批判修正主义的重要性。

5月25日,毛泽东改出了征求意见稿的第三稿。他要求立即印发给在京的中央委员和候补中央委员、田家英、胡绳、邓力群,以及当天到北京参会的各省区市负责同志。在这一稿中,毛泽东根据政治形势的变化对第八节有重要修改。

第一,关于意识形态方面斗争的。分析了资产阶级和资产阶级知识分子左中右三派的情况,以及共产党对他们所采取的

---

① 逄先知、金冲及主编:《毛泽东传(1949—1976)》上,中央文献出版社2003年版,第699页。

《关于正确处理人民内部矛盾的问题》精学导读

方针。后来修改时,又全部删去了。

第二,增加了辨别香花和毒草的六条政治标准。这六条政治标准最后形成的文字表述是:"(一)有利于团结全国各族人民,而不是分裂人民;(二)有利于社会主义改造和社会主义建设,而不是不利于社会追改造和社会主义建设;(三)有利于巩固人民民主专政,而不是破坏或者削弱这个专政;(四)有利于巩固民主集中制,而不是破坏或者削弱这个制度;(五)有利于巩固共产党的领导,而不是摆脱或者削弱这种领导;(六)有利于社会主义的国际团结和全世界爱好和平人民的国际团结,而不是有损于这些团结。这六条标准中,最重要的是社会主义道路和党的领导两条。"①

第三,对长期共存、互相监督的方针增加了两段话:"这是我们的愿望。至于各民主党派是否能够长期存在下去,不是单由共产党一方面的愿望作决定,还要看各民主党派自己的表现,要看它们今后的工作是否符合人民的需要,是否取得人民的信任。当然,各民主党派对共产党提意见,作批评,要看那些意见、批评是否合乎上述六个政治标准。如果不合,那就会丧失监督的资格。因此,任何民主党派都要注意思想改造,争取和共产党一道长期共存,互相监督,以适应新社会的需要。"②

---

① 逄先知、金冲及主编:《毛泽东传(1949—1976)》上,中央文献出版社2003年版,第699—700页。
② 逄先知、金冲及主编:《毛泽东传(1949—1976)》上,中央文献出版社2003年版,第700页。

第二章　从最高国务会议上的讲话到十三稿的修改

5月27日,毛泽东改出征求意见稿的第四稿。在这一稿中,毛泽东修改的是上一稿中"关于百花齐放、百家争鸣、长期共存、互相监督"一节,各改写和加写了一段话。把"虽然社会主义改造已经基本完成,大规模的群众性的阶级斗争已经基本结束"改写为"虽然社会主义改造,在制度方面说来,已经基本完成,大规模的急风暴雨式的群众性阶级斗争已经基本结束"①。把"无产阶级和资产阶级之间的斗争,无产阶级和资产阶级以及资产阶级知识分子之间在意识形态方面的斗争,意识形态方面的阶级斗争"改写为"无产阶级和资产阶级之间的阶级斗争,各派政治力量之间的阶级斗争,无产阶级和资产阶级以及资产阶级知识分子之间在意识形态方面的斗争,也就是意识形态方面的阶级斗争"②。加写的一段话是,在关于社会主义与资本主义在意识形态方面的斗争需要很长时间才能基本解决的论断之后,加写了:"这是因为资产阶级和资产阶级知识分子的影响必然要在我国长期存在,不可能在短时间,作为阶级意识形态根本消灭。如果对于这种形势认识不足或根本不认识,那就要犯绝大的错误。要消灭它,就要作战。而这种战争是思想战争,它同军事方面的战争、经济方面的战争、政治方面的战争都不相同,它不能用粗暴的方法去作战,只能用细

---

① 中共中央文献研究室编:《毛泽东年谱(1949—1976)》第3卷,中央文献出版社2013年版,第165页。

② 中共中央文献研究室编:《毛泽东年谱(1949—1976)》第3卷,中央文献出版社2013年版,第165页。

《关于正确处理人民内部矛盾的问题》精学导读

致的讲理的心平气和的方法去作战。对于每一个资产阶级分子和资产阶级知识分子,要用诚恳的态度,一个一个地和他们谈话,交朋友。这就需要很长的时间。而在过去的七年,我们的态度是粗暴的不细致的,没有交到较多的朋友,反而造成了许多矛盾和对立。今后要改变态度,改变方法,主要是向中间派人士请教,也要向一切有希望的即敌意不很深的右派人士请教。不要摆出训人的面孔同他们接触,而要用商量和请教的态度同他们接触。在业务方面,一定要拜他们为师,执弟子礼,认真向他们学习。这样一来,我们就有可能在两个至三个五年计划期内把他们的大多数争取过来,我们也学会了业务。这就是在思想战争方面打了一个大胜仗。一切共产党员和社会左翼人士如果不能用这种态度和方法,在这方面不打一个大胜仗,取得决定的胜利,社会主义制度是不能最后巩固的,社会主义工业国是不能建成的。这样说,不是不要批评和斗争,这些都是要的,但是要恰当,要采取与人为善的态度,才能收到成效。"①这段话在正式发表时修改为:"这是因为资产阶级和从旧社会来的知识分子的影响还要在我国长期存在,作为阶级的意识形态,还要在我国长期存在。如果对于这种形势认识不足,或者根本不认识,那就要犯绝大的错误,就会忽视必要的思想斗争。思想斗争同其他的斗争不同,它

---

① 中共中央文献研究室编:《毛泽东年谱(1949—1976)》第3卷,中央文献出版社2013年版,第165—166页。

第二章 从最高国务会议上的讲话到十三稿的修改

不能采取粗暴的强制的方法,只能用细致的讲理的方法。"①

5月28日,毛泽东改出征求意见的第五稿,要求在三小时内印发各省区市党委书记,各政治局委员、候补委员,中央书记处书记、候补书记,另发田家英、邓力群、胡绳。这次修改,主要是个别地方的文字润色。当天下午,毛泽东还约陈伯达、胡乔木、田家英谈修改问题。

6月1日,毛泽东在几位"秀才"的参加下,对文章作了一次较大的改动,形成征求意见稿第六稿。其中,第一节增加了关于社会主义生产关系同生产力又适应又不适应的矛盾这一重要理论观点。第五节扩充了对七年来我国知识分子的进步,以及更好地团结他们为社会主义建设服务的内容,加重了分量。第八节在讲"修正主义是一种资产阶级思潮"的地方,加上了两句话:"我们在批判教条主义的时候,必须同时注意对修正主义的批判。""它比教条主义有更大的危险性。"②在谈到社会主义革命基本胜利以后,一部分资产阶级和一部分资产阶级知识分子梦想恢复资本主义制度的地方,加上了"他们要从各个方面首先是向马克思主义进行斗争,而在这个斗争中,修正主义者就是他们最好的助手"③。(后来这句话又修改为:

---

① 中共中央文献研究室编:《毛泽东年谱(1949—1976)》第3卷,中央文献出版社2013年版,第166页。

② 逄先知、金冲及主编:《毛泽东传(1949—1976)》上,中央文献出版社2003年版,第701页。

③ 逄先知、金冲及主编:《毛泽东传(1949—1976)》上,中央文献出版社2003年版,第701页。

《关于正确处理人民内部矛盾的问题》精学导读

"他们要从各个方面向工人阶级进行斗争,包括思想方面的斗争。而在这个斗争中,修正主义者就是他们最好的助手。"①)在六条政治标准后面,加写了一段话:"提出这些标准,是为了帮助人民发展对于各种问题的自由讨论,而不是为了妨碍这种讨论。不赞成这些标准的人们仍然可以提出自己的意见来辩论,但是大多数人有了明确的标准,却可以使批评和自我批评沿着正确的轨道前进。"②

6月上旬,国内局势发生急剧变化。中共中央决定组织反击右派的斗争,毛泽东在6月8日起草了《关于组织力量准备反击右派分子进攻的指示》。毛泽东的注意力再次转移到对政治局势的分析和应对上。

在指导"反右"运动的同时,毛泽东继续和几位"秀才"一起修改《关于正确处理人民内部矛盾的问题》,在6月9日、14日、16日、17日改出了四稿,直至6月19日在《人民日报》正式发表,这是第三阶段。

6月9日凌晨,毛泽东和几位"秀才"改出了征求意见稿第七稿,毛泽东把这一稿称为六月八日修正稿。这一稿修改主要集中在第一节。原先一开头就谈两类矛盾的区别,这次改写扩充成很长的五段话,分别论述我国的空前统一和两类矛盾,

---

① 逄先知、金冲及主编:《毛泽东传(1949—1976)》上,中央文献出版社2003年版,第701页。
② 逄先知、金冲及主编:《毛泽东传(1949—1976)》上,中央文献出版社2003年版,第701—702页。

第二章　从最高国务会议上的讲话到十三稿的修改

人民和敌人的范畴，人民内部矛盾和敌我矛盾的区别，工人阶级同民族资产阶级的矛盾，如何分清敌我与分清是非。还增加了关于社会主义社会的矛盾同资本主义社会的矛盾本质不同的论述，以及对上层建筑和经济基础又相适应又相矛盾的分析。在第八节增加了关于各党派长期共存的政治基础的论述，即"确实致力于团结人民从事社会主义事业"和"得到人民信任"。①

6月14日，毛泽东等改出了征求意见的第八稿。他在稿上注明六月十四日修正稿。这次修改，把第十节的标题"乱子是坏事还是好事？"改为"坏事能否变成好事？"。这样，全部十二节的标题最后确定下来。其他的一些小修改，主要集中在以下几处。第一节加了："人民内部的矛盾不是现在才有的，但是在各个革命时期和社会主义建设时期有着不同的内容。"②第二节加了："原有的反革命分子肃清了，还可能出现一些新的反革命分子。"③第八节对"双百"方针的标题改为："百花齐放、百家争鸣的方针，是促进艺术发展和科学进步的方针，是促进我国的社会主义文化繁荣的方针。"④第九节在谈闹事

---

① 中共中央文献研究室编：《毛泽东年谱（1949—1976）》第3卷，中央文献出版社2013年版，第173页。
② 逄先知、金冲及主编：《毛泽东传（1949—1976）》上，中央文献出版社2003年版，第707页。
③ 逄先知、金冲及主编：《毛泽东传（1949—1976）》上，中央文献出版社2003年版，第707页。
④ 逄先知、金冲及主编：《毛泽东传（1949—1976）》上，中央文献出版社2003年版，第707页。

《关于正确处理人民内部矛盾的问题》精学导读

的最重要的因素是官僚主义的地方,加上了:"这种官僚主义的错误,有一些是要由上级机关负责,不能全怪下面。"[1]第十二节加上了肯定苏联经验的一段话:"苏联建设社会主义已经有四十年了,它的经验对于我们是十分宝贵的。"[2]

6月16日,毛泽东等改出了第九稿,只作了少量文字修改,注明六月十六日定稿。

6月17日,毛泽东等人又作了一次修改,形成征求意见稿的第十稿。加上毛泽东最初的三次自修稿,这已经是第十三稿了。稿上注明是最后定稿。从4月24日开始,修改工作至此全部结束,前后共55天。

6月19日,《关于正确处理人民内部矛盾的问题》一文在《人民日报》全文发表。这篇文章在广泛征求意见的基础上,经过多次反复的修改,既渗透着毛泽东对社会主义建设若干重大问题的思考心血,又凝结着党内的集体智慧,可以说是社会主义建设时期一篇极为重要的理论著作。

---

[1] 逄先知、金冲及主编:《毛泽东传(1949—1976)》上,中央文献出版社2003年版,第707页。

[2] 逄先知、金冲及主编:《毛泽东传(1949—1976)》上,中央文献出版社2003年版,第707页。

第三章　关于社会主义社会矛盾的一系列重大理论问题

一、"正是这些矛盾推动着我们的社会向前发展"

1. 提出社会主义社会充满矛盾

毛泽东在《关于正确处理人民内部矛盾的问题》一文中，提出了一系列重大理论问题，就是毛泽东依据马克思主义的唯物辩证法，冲破了关于社会主义社会没有矛盾的僵化认识，提出那些认为社会主义社会没有任何矛盾的想法是"不符合客观实际的天真的想法"①，社会主义社会不仅存在矛盾，而且"正是这些矛盾推动着我们的社会向前发展"②。

对立统一学说是马克思主义哲学的一个重要主题。早在马克思和恩格斯之前，黑格尔就对矛盾理论有过深入的论述，黑格尔批判了"社会没有矛盾"等观点，将矛盾范畴提升到重要

---

① 《毛泽东文集》第 7 卷，人民出版社 1999 年版，第 204 页。
② 《毛泽东文集》第 7 卷，人民出版社 1999 年版，第 213 页。

《关于正确处理人民内部矛盾的问题》精学导读

地位，认为没有矛盾，就没有事物，也就没有了一切。他以此为基石和核心，自觉地、系统地阐述了其辩证法思想，但他最后又落入唯心主义的窠臼，脱离了物质主体，使矛盾成了概念的思辨运动。马克思和恩格斯超越了黑格尔形而上的纯粹思辨运动的藩篱，将关注的目光从天国降到人间，把思想理论的产生和发展建基于客观现实。他们吸收了黑格尔辩证法中的合理内核，摒弃了其唯心主义的外壳，创立了唯物辩证法，实现了辩证法史上重大的理论变革。他们用唯物辩证法来分析自然界、人类社会和人类思维的发展，揭示其内在规律，解决形形色色的实际问题。例如，在社会发展问题上，马克思和恩格斯就在肯定物质生产力作为人类社会发展的动力之源的基础上，分析了生产力、生产关系、经济基础、上层建筑"四要素"之间的矛盾、阶级矛盾等各类矛盾在社会发展中的重要作用。

在继承马克思、恩格斯唯物辩证法思想的基础之上，列宁对社会主义社会是否存在矛盾的问题表示了明确肯定，他也是最早在马克思主义发展史和国际共运史上肯定这一点的国家领导人。共产国际的领导人之一布哈林在其《过渡时期的经济》一书中曾提出一个观点，即资本主义是对抗的、矛盾的制度。列宁在 1920 年 5 月读《过渡时期的经济》一书时，对这一观点进行了批注，认为"极不确切。对抗和矛盾完全不是一回事。在社会主义下，对抗将会消失，矛盾仍将存在"[1]，从而肯定

---

[1]《列宁全集》第 60 卷，人民出版社 1990 年版，第 281—282 页。

第三章 关于社会主义社会矛盾的一系列重大理论问题

了社会主义存在社会矛盾的必然性。在列宁看来,社会主义虽然是一种比资本主义更高级的社会形态,但在社会主义条件下,仍然将长期存在各种社会矛盾。对抗和矛盾这两个概念之间是有区别的,对抗是阶级之间由于根本利益不一致,发生对立进而产生的冲突,在社会已经分裂出基本对立的阶级时,一般都会存在对抗的情况;矛盾则贯穿人类社会发展的始终,即使消灭了阶级和剥削,消灭了资本主义的私有制,资产阶级与无产阶级之间不存在阶级对抗了,但也会存在其他形式的矛盾。无论是社会主义社会还是资本主义社会,都存在非对抗性矛盾。只是由于在资本主义社会,劳资两大对立阶级的存在和明显对立,非对抗性矛盾才不起决定作用,起主要作用的是阶级矛盾和各种对抗性矛盾。而在社会主义社会,非对抗性矛盾起主要作用,各类社会矛盾在总体上还是建立在利益根本一致基础上的,具有非对抗性。这些矛盾也是社会主义社会发展的动力之一。

1924年,斯大林成为领导苏联社会主义事业的党和国家最高领导人。在1925年联共(布)第十四次代表大会的闭幕报告中,斯大林对社会主义社会还存在着一个基本矛盾即生产力与生产关系之间的矛盾进行了公开阐述,并强调它们主要表现为两种不同性质的矛盾:"一种矛盾是内部的矛盾,即无产阶级和农民之间的矛盾。另一种矛盾是外部的矛盾,即我们这个社会主义国家和其它一切资本主义国家之间的矛盾。"[①]在斯大

---

① 《斯大林选集》上,人民出版社1979年版,第336页。

林看来,前一种矛盾建立在根本利益整体一致的基础上,作为苏联社会主义建设的两股主要力量,农民阶级和无产阶级这两大阶级之间并不存在根本上的矛盾,可以经由社会主义自身的不断发展而得到解决。就后一种矛盾而言,斯大林认为,只要那些敌视苏联的帝国主义国家及其有关势力还在外部存在,资本主义国家妄图干涉苏联内政、妄图使资本主义制度在苏联复辟的危险就是无法避免的,这是社会主义国家与一切资本主义国家的外部矛盾,单靠苏联一国的力量无法妥善解决,必须联合一定范围内的国际力量,联合其他一些国家的无产阶级一起努力,才有可能妥善解决。1936年底,全苏联苏维埃第八次代表大会通过了《苏维埃社会主义共和国联盟宪法》,宣告剥削阶级和剥削制度被完全消灭,世界第一个社会主义国家建成。[①]而且在社会主义条件下,国家内部各阶级和阶层之间的经济矛盾与政治矛盾等都不断地"在缩小,也在消失"[②]。1938年,在主观判定社会主义苏联内部和外部矛盾都已经得到完全解决的状况下,斯大林在《论辩证唯物主义和历史唯物主义》一书中从哲学的高度分析苏联社会制度指出:"苏联的社会主义国民经济是生产关系完全适合生产力性质的例子,这里的生产资料的公有制同生产过程的社会性完全适合"[③],"因为生产过

[①]《斯大林选集》下,人民出版社1979年版,第394页。
[②]《斯大林选集》下,人民出版社1979年版,第396页。
[③]《斯大林选集》下,人民出版社1979年版,第445页。

第三章 关于社会主义社会矛盾的一系列重大理论问题

程的社会性是由生产资料的公有制所巩固的"[1],从而在根本上否认了社会矛盾在社会主义条件下存在的客观性和可能性。随后的1939年,在苏共十八大的报告中,斯大林进一步指出,从政治方面来看,苏联社会主义革命最为重要的一个成果就是"彻底消灭了剥削阶级的残余,把工人、农民和知识分子团结成一条共同的劳动战线,加强了苏联社会在道义上和政治上的一致"[2],再加上苏联各民族之间的友谊,以及工人、农民、知识分子之间的友爱合作已经将原来的生产力和生产关系之间的矛盾取代了,成为社会主义苏联发展前进的强大动力。"完全适合"论与"一致"论使斯大林错误地将国内大量存在的社会矛盾看作外部资产阶级敌对势力作用的结果,从而造成了"肃反"严重扩大化的严重后果。虽然斯大林晚年对"完全适合"论作了一些修正,但从总体上来看其修正过的"完全适合"论仍然是不彻底的。

斯大林关于社会主义社会无矛盾的观点影响了很多人。在20世纪50年代的中国理论界,围绕社会主义社会到底有没有矛盾就产生了三种看法:第一种认为社会主义社会没有矛盾;第二种认为社会主义社会可以"找到"矛盾;第三种认为社会主义社会充满着矛盾。毛泽东驳斥了社会主义社会无矛盾论,他认为,在人类社会发展过程中,矛盾一直存在,不管是资本

---

[1]《斯大林选集》下,人民出版社1979年版,第449页。
[2]《斯大林文选(1934—1952)》上,人民出版社1962年版,第220—221页。

《关于正确处理人民内部矛盾的问题》精学导读

主义社会还是社会主义社会，社会主义社会并非"找到"矛盾，而是充满着矛盾。这种观点实际上是毛泽东对马克思列宁主义对立统一学说的坚持，是坚持用唯物辩证法观察分析社会主义社会得出的必然结论。

早在毛泽东接受马克思主义之前，虽然他没有明确提出并从哲学意义上使用"矛盾"一词，但从他早期的一些文稿中，我们可以看到，他涉及了一些相关概念的认识，如变化、差别、抵抗等，"天下事物，万变不穷"[①]"恩生于害，害生于恩"[②]"人世一切事，皆由差别比较而现"[③]"盖人类之势力增加，外界之抵抗亦增加，有大势力者，又有大抵抗在前也。大抵抗对于有大势力者，其必要乃亦如普通抵抗之对于普通人"[④]。

接受马克思主义后，毛泽东开始用马克思主义的方法论特别是对立统一的辩证思维来观察和分析中国革命面临的诸种问题。例如，在1926年发表的《中国革命与农民运动》中，毛泽东将农民问题从与革命有关的诸多问题中挑出来强调："农民问题乃国民革命的中心问题，农民不起来参加并拥护国民革命，

[①] 中共中央文献研究室、中共湖南省委《毛泽东早期文稿》编辑组编：《毛泽东早期文稿》，湖南出版社1990年版，第582页。
[②] 中共中央文献研究室、中共湖南省委《毛泽东早期文稿》编辑组编：《毛泽东早期文稿》，湖南出版社1990年版，第596页。
[③] 中共中央文献研究室、中共湖南省委《毛泽东早期文稿》编辑组编：《毛泽东早期文稿》，湖南出版社1990年版，第184页。
[④] 中共中央文献研究室、中共湖南省委《毛泽东早期文稿》编辑组编：《毛泽东早期文稿》，湖南出版社1990年版，第181—182页。

第三章 关于社会主义社会矛盾的一系列重大理论问题

国民革命不会成功。"①这已经非常清楚地表明毛泽东在诸多的国民革命问题中,认识到了事物发展的不平衡性,区分了中心问题和非中心问题,这可以看作后来关于主要矛盾问题和次要矛盾问题的另一种表述方式。在经过一系列的革命洗礼和马克思主义的理论学习后,毛泽东在1937年写作的《矛盾论》中明确指出:"一切事物中包含的矛盾方面的相互依赖和相互斗争,决定一切事物的生命,推动一切事物的发展。没有什么事物是不包含矛盾的,没有矛盾就没有世界。"②同时,毛泽东还明确指出:"事物发展的根本原因,不是在事物的外部而是在事物的内部,在于事物内部的矛盾性……事物内部的这种矛盾性是事物发展的根本原因。"③因此,人类历史的演进和社会的发展变化,"主要地是由于社会内部矛盾的发展,即生产力和生产关系的矛盾,阶级之间的矛盾,新旧之间的矛盾,由于这些矛盾的发展,推动了社会的前进,推动了新旧社会的代谢"④。

值得一提的是,中华人民共和国成立后,我国理论界曾结合过渡时期的实际情况,就社会矛盾问题展开过有关讨论。例如,李达作为较有影响的理论家,提出了社会主义社会的矛盾及其对抗问题。在《〈矛盾论〉解说》中,李达提出并阐发说,矛盾即运动,矛盾法则是辩证法最根本的法则,贯穿于一切事物发展的

---

① 《毛泽东文集》第1卷,人民出版社1993年版,第37页。
② 《毛泽东选集》第1卷,人民出版社1991年版,第305页。
③ 《毛泽东选集》第1卷,人民出版社1991年版,第301页。
④ 《毛泽东选集》第1卷,人民出版社1991年版,第302页。

始终,任何事物的运动,都是由于内部的矛盾的斗争,新旧因素的斗争,所以"在社会主义社会中,矛盾仍然存在着。所以社会主义社会成立后,也开始它自己的矛盾的发展史"①。例如,工人阶级和农民阶级之间就明显存在着天然的阶级差异,而这种天然存在的阶级差异也就是矛盾,在社会主义条件下,这种差异不会演化至对抗,在社会主义建设过程中,"它们之间的矛盾,在由社会主义到共产主义的发展过程中,将逐渐得到解决"②。他还具体论述了社会主义社会中工人阶级和农民阶级之间、共产党内部不同思想之间、社会和自然之间、城乡之间等矛盾的解决办法。李达在《〈矛盾论〉解说》中强调,在社会主义下,对抗虽然消失了,但矛盾还存在着,"既然矛盾法则是自然、社会和思维的发展的一般法则,那就没有例外……无论在社会主义社会或共产主义社会,矛盾仍是社会发展的动力"③。李达有关《矛盾论》的解说得到了毛泽东的支持,毛泽东在1952年9月17日给李达的回信中,也谈到了矛盾发展的不平衡问题。

随着社会主义建设经验的逐步积累,以及国际共产主义运动中出现的波折,特别是苏联社会所显露出来的一些复杂矛盾,促使毛泽东更为深入地思考社会主义社会的矛盾问题。苏共二十大后,毛泽东在1956年3月23日晚召开的中央书记处(扩大)会议上再次肯定了矛盾无处不在,明确了社会主义社会也是存在

---

① 《李达文集》第4卷,人民出版社1988年版,第218页。
② 《李达文集》第4卷,人民出版社1988年版,第217页。
③ 《李达文集》第4卷,人民出版社1988年版,第369页。

第三章 关于社会主义社会矛盾的一系列重大理论问题

矛盾的观点。①在随后毛泽东亲自动手修改了数次的《关于无产阶级专政的历史经验》一文中，再次谈到了斯大林不承认社会主义社会存在矛盾的问题，文中强调社会主义社会仍然存在各种矛盾，如主观与客观的矛盾、先进和落后的矛盾、唯物论与唯心论的矛盾、社会生产力和生产关系的矛盾等。否认矛盾，就是否认辩证法。虽然各个社会的矛盾性质不同，解决的方式也有差异，但"社会的发展总是在不断的矛盾中进行的"②。社会主义社会的发展也离不开生产力与生产关系之间的矛盾运动，否则社会发展就会停止下来。文中还说，即使到了共产主义社会，也不会是每个人完满无缺。那个时候，人们本身也将还有自己的矛盾，还会有好人、坏人，还会有思想比较正确的人和思想比较不正确的人。故而人们之间也还会有斗争，不过斗争的性质和形式已经不同于阶级社会了。所以，在社会主义社会中，存在着个人和集体的矛盾现象，并不是什么奇怪的事。党和国家的领导人如果脱离集体领导，脱离人民群众，脱离实际生活，他们就必然会使自己的思想硬化起来，导致作出严重的错误决定。③

在1956年4月25日发表的《论十大关系》中，毛泽东还列举了沿海工业和内地工业、经济建设和国防建设等十大必须

---

① 中共中央文献研究室编：《毛泽东年谱（1949—1976）》第2卷，中央文献出版社2013年版，第549页。

② 中共中央文献研究室编：《建国以来重要文献选编》第8册，中央文献出版社1994年版，第231页。

③ 参见中共中央文献研究室编：《建国以来重要文献选编》第8册，中央文献出版社1994年版，第231—238页。

《关于正确处理人民内部矛盾的问题》精学导读

重视与处理的关系:"这十种关系,都是矛盾。世界是由矛盾组成的。没有矛盾就没有世界。我们的任务,是要正确处理这些矛盾。"①他分别对这十大矛盾做了细致的论述,指出既要解决主要矛盾和抓矛盾的主要方面,也要注意在一定条件下主次矛盾和矛盾主次方面的相互转化。而处理好这十大矛盾的目的,就是要把党内外、国内外一切积极的、间接的因素调动起来,为建设社会主义国家服务。

1956年12月的《再论无产阶级专政的历史经验》中毛泽东又提出,社会主义社会中:"仍然存在着一定的矛盾。这种矛盾表现成为经济制度和政治制度的某些环节上的缺陷。这种矛盾,虽然不需要用根本性质的变革来解决,仍然需要及时地加以调整。"②毛泽东在1957年1月召开的省区市党委书记会议上的讲话中点明了斯大林不承认社会主义社会存在矛盾的问题,认为斯大林尽管在去世前勉强承认了,"但是……他还是没有认识到这些矛盾是推动社会主义社会向前发展的基本矛盾"③。

在《关于正确处理人民内部矛盾的问题》中,毛泽东强调,对立统一规律是宇宙的根本规律。这个规律无论是在自然界还是在人类社会抑或是人们的思想中,都是普遍存在的。"矛盾

---

① 《毛泽东文集》第7卷,人民出版社1999年版,第44页。
② 中共中央文献研究室编:《建国以来重要文献选编》第9册,中央文献出版社1994年版,第571页。
③ 中共中央文献研究室编:《毛泽东著作专题摘编》,中央文献出版社2003年版,第912页。

第三章 关于社会主义社会矛盾的一系列重大理论问题

着的对立面又统一,又斗争,由此推动事物的运动和变化。矛盾是普遍存在的,不过按事物的性质不同,矛盾的性质也就不同。"①毛泽东还进一步指出,虽然在我国懂得这个规律的人已经越来越多了,但是对许多人而言,承认这个规律是一回事,应用这个规律去观察问题和处理问题又是另一回事。"许多人不承认社会主义社会还有矛盾,因而使得他们在社会矛盾面前缩手缩脚,处于被动地位;不懂得在不断地正确处理和解决矛盾的过程中,将会使社会主义社会内部的统一和团结日益巩固。"②因此,他将解释、引导广大人民,以及引导党员干部认识社会主义社会中的矛盾问题,特别是认识社会主义社会中的人民内部矛盾问题,列为工作的重要内容。他着重强调:"许多人不敢公开承认我国人民内部还存在着矛盾,正是这些矛盾推动着我们的社会向前发展。"③毛泽东还进一步指出,矛盾在不同社会发展阶段会有差异和不同的表现形式,在社会主义社会的表现形式也与在资本主义社会的表现形式有差异,这种差异主要体现为社会主义社会的矛盾在表现状态上不会像阶级社会那样剧烈对抗并且只能用阶级斗争来解决,而是具有非对抗性,这种矛盾可以通过社会主义生产关系和基本制度的不断完善和巩固逐步得到解决。

毛泽东在 1957 年的莫斯科共产党和工人党代表会议上直

---

① 《毛泽东文集》第 7 卷,人民出版社 1999 年版,第 213 页。
② 《毛泽东文集》第 7 卷,人民出版社 1999 年版,第 213 页。
③ 《毛泽东文集》第 7 卷,人民出版社 1999 年版,第 213 页。

言:"有些人说社会主义社会可以'找到'矛盾,我看这个提法不对。不是什么找到或者找不到矛盾,而是充满着矛盾。"① 针对苏联《政治经济学教科书》上将社会发展的动力归结为批评和自我批评的观点,毛泽东还特别指出:"这个说法不妥当。矛盾才是动力,批评和自我批评是解决矛盾的方法。"②当苏联教科书里指出,生产关系与生产力之间矛盾虽然在社会主义条件下也存在着,但并非社会主义国家发展的动力,只有精神上和政治上的一致性才是其强大的前进动力时,毛泽东再次着重强调:"这样一来……辩证法在他们那里就中断了。没有矛盾就没有运动。社会总是运动发展的。在社会主义时代,矛盾仍然是社会运动发展的动力。"③毛泽东在审阅柯庆施1958年呈交的《乘风破浪,加速建设社会主义的新上海!》的报告时,在读到有关阶级矛盾消灭后,人类社会将在不断地克服正确与错误、革新与守旧、先进与落后这些矛盾中前进等词句后,又画龙点睛地加上了一句:"矛盾永远是推动人类社会前进的动力。"④

2. 创立社会基本矛盾理论

在承认社会主义社会仍然存在矛盾的基础上,毛泽东在

---

① 《毛泽东文集》第7卷,人民出版社1999年版,第332页。
② 《毛泽东文集》第8卷,人民出版社1999年版,第133页。
③ 《毛泽东文集》第8卷,人民出版社1999年版,第133页。
④ 中共中央文献研究室编:《毛泽东年谱(1949—1976)》第3卷,中央文献出版社2013年版,第280页。

第三章　关于社会主义社会矛盾的一系列重大理论问题

《关于正确处理人民内部的矛盾问题》中明确提出了"社会基本矛盾"的概念，这在马克思主义发展史上是"第一次"，进一步丰富了历史唯物主义的有关理论。

马克思和恩格斯在对资本主义社会的矛盾进行分析后，将生产力与生产关系之间的矛盾、经济基础与上层建筑之间的矛盾看作两对最为基本的矛盾，分属于"生产方式"和"社会形态"两个基本范畴，提出这两对基本范畴的矛盾运动构成了人类社会发展的客观规律，也正是基于对这两对基本矛盾运动规律的分析，马克思和恩格斯指出了资本主义必然灭亡与社会主义必然胜利的结果。但是，马克思和恩格斯并没有进一步揭示出这两对矛盾之间的关系及其在社会发展过程中的作用，没有把二者当作一个矛盾统一体来看待，更没有明确在社会主义社会是否还存在这些基本矛盾。列宁在这一基础上肯定了社会主义社会是存在矛盾的，但由于列宁经历的社会主义实践的时间太短，还没有能够对生产力与生产关系之间的矛盾、经济基础与上层建筑之间的矛盾进行深入的论述。斯大林长期否认社会主义社会存在矛盾，认为社会主义苏联内部和外部矛盾都已经得到完全解决，"苏联的社会主义国民经济是生产关系完全适合生产力性质的例子，这里的生产资料的公有制同生产过程的社会性完全适合"[①]，"因为生产过程的社会性是由生产资料的公有制所巩固的"[②]。斯大林还提出，苏联社会主义革命最

---

① 《斯大林选集》下，人民出版社1979年版，第445页。
② 《斯大林选集》下，人民出版社1979年版，第449页。

为重要的一个成果就是:"彻底消灭了剥削阶级的残余,把工人、农民和知识分子团结成一条共同的劳动战线,加强了苏联社会在道义上和政治上的一致。"①在经历了十多年时间的社会主义实践后,斯大林关于社会主义社会生产力与生产关系"完全适合"的思想发生了一些变化,认为虽然社会主义制度在苏联已经建立了,完全适合于生产力的发展,"但是,如果以此自满,以为在我国生产力和生产关系之间不存在任何矛盾,那就不正确了。矛盾无疑是有的,而且将来也会有的,因为生产关系的发展落后于并且将来也会落后于生产力的发展"②。应该把"完全适合"理解为:"在社会主义制度下,通常不会弄到生产关系和生产力发生冲突,社会有可能及时使落后了的生产关系去适合生产力的性质。"③当然,不可否认的是,即便是先进的社会主义制度,也难免会有一些落后的不了解生产关系改变的惰性力量,但这不是根本问题,还不至于把生产力和生产关系弄到冲突的地步,只要积极采取生产资料的全民所有制、劳动产品按需分配等先进的组织形式,就能使落后的生产关系主动地适合于生产力发展的需要。

毛泽东在马克思、恩格斯、列宁、斯大林等关于两对基本矛盾范畴的基础上,通过观察苏联正反两方面的历史经验,并结合中国社会主义建设的实践经验,第一次系统论述了社会主

---

① 《斯大林文选(1934—1952)》上,人民出版社1962年版,第220—221页。
② 《斯大林选集》下,人民出版社1979年版,第590页。
③ 《斯大林选集》下,人民出版社1979年版,第577页。

第三章 关于社会主义社会矛盾的一系列重大理论问题

义社会基本矛盾的问题。

第一,毛泽东认为,生产力与生产关系之间的矛盾、经济基础与上层建筑之间的矛盾是社会基本矛盾,它贯穿于人类社会发展的始终,决定着社会的性质和基本结构,人类社会经济、政治、文化等领域的各种矛盾都是由其引发并受其影响和制约的。1956年11月,在中共八届二中全会上毛泽东就指出:"将来全世界的帝国主义都打倒了,阶级没有了,那个时候还有生产关系同生产力的矛盾,上层建筑同经济基础的矛盾。"①在同年12月29日发表的《再论无产阶级专政的历史经验》一文中,毛泽东在谈到斯大林的错误与苏联的社会主义制度的关系时指出,马克思列宁主义的辩证法早就告诉我们,任何一种生产关系及在这种生产关系的基础上建立起来的上层建筑,都有它发生、发展和灭亡的过程。当生产力发展到一定阶段后,旧的生产关系基本上就不能同它再相适应了;当经济基础发展到一定阶段,旧的上层建筑基本上也不能同它再相适应了。在这种时候,就必然要引起根本性的变革。谁若是抵抗这种变革,谁就会被历史所抛弃。这种生产力与生产关系之间、经济基础与上层建筑之间的矛盾运动规律是适用于一切社会的,包括社会主义社会和将来的共产主义社会。毛泽东还谈到,即使在社会的基本制度适合生产力发展需要的情况下,"在生产关系和

---

① 中共中央文献研究室编:《毛泽东年谱(1949—1976)》第3卷,中央文献出版社2013年版,第33页。

《关于正确处理人民内部矛盾的问题》精学导读

生产力之间,在上层建筑和经济基础之间,也仍然存在着一定的矛盾。这种矛盾表现成为经济制度和政治制度的某些环节上的缺陷。这种矛盾,虽然不需要用根本性质的变革来解决,仍然需要及时地加以调整"①。正因为这两对矛盾运动贯穿于人类社会发展的始终,构成了人类社会发展的最基本的矛盾,所以毛泽东在《关于正确处理人民内部矛盾的问题》中指出:"在社会主义社会中,基本的矛盾仍然是生产关系和生产力之间的矛盾,上层建筑和经济基础之间的矛盾。不过社会主义社会的这些矛盾,同旧社会的生产关系和生产力的矛盾、上层建筑和经济基础的矛盾,具有根本不同的性质和情况罢了。"②

第二,毛泽东进一步明确了社会主义社会基本矛盾是既相适应又相矛盾的。在《关于正确处理人民内部矛盾的问题》中,毛泽东指出,矛盾是普遍存在的,不过事物的性质不同,矛盾的性质也就不同。矛盾着的对立面既统一又斗争,由此推动事物的运动和变化。对于任何一个具体事物来说,这种对立面的统一是有条件的、暂时的、过渡的,所以这种统一是相对的,而对立面的斗争则是绝对的。"这个规律,列宁讲得很清楚。"③实际上,列宁还指出,无论是社会主义社会还是资本主义社会,都存在非对抗性矛盾。只是由于在资本主

---

① 中共中央文献研究室编:《建国以来重要文献选编》第9册,中央文献出版社1994年版,第571页。
② 《毛泽东文集》第7卷,人民出版社1999年版,第214页。
③ 《毛泽东文集》第7卷,人民出版社1999年版,第213页。

第三章 关于社会主义社会矛盾的一系列重大理论问题

义社会,劳资两大对立阶级的存在和明显对立,非对抗性矛盾才不起决定作用,起主要作用的是阶级矛盾和各种对抗性矛盾。而在社会主义社会,非对抗性矛盾起主要作用,各类社会矛盾在总体上还是建立在利益根本一致基础上的,具有非对抗性。毛泽东继承了列宁的这些思想,他明确指出:"社会主义社会的矛盾同旧社会的矛盾,例如同资本主义社会的矛盾,是根本不相同的。资本主义社会的矛盾表现为剧烈的对抗和冲突,表现为剧烈的阶级斗争……社会主义社会的矛盾是另一回事,恰恰相反,它不是对抗性的矛盾,它可以经过社会主义制度本身,不断地得到解决。"①这就为分析社会主义社会的矛盾问题提供了基本的理论依据和框架。基于这种认识,毛泽东指出,社会主义社会的生产关系已经建立起来,在整体上,它是和生产力的发展相适应的,上层建筑的建立也与经济基础相适应。而所谓社会主义生产关系比起旧时代的生产关系更能够适合生产力发展,"就是指能够容许生产力以旧社会所没有的速度迅速发展,因而生产不断扩大,因而使人民不断增长的需要能够逐步得到满足的这样一种情况"②。毛泽东还举例说:"旧中国在帝国主义、封建主义和官僚资本主义的统治下,生产力的发展一直是非常缓慢的。解放前五十多年间,全国除东北以外,钢的生产一直只有几万吨;加上东北,全国的最高年产量也不过是九十多万吨。在一九四九年,全国钢产量只有十几万吨。

---

① 《毛泽东文集》第 7 卷,人民出版社 1999 年版,第 213—214 页。
② 《毛泽东文集》第 7 卷,人民出版社 1999 年版,第 214 页。

《关于正确处理人民内部矛盾的问题》精学导读

但是全国解放不过七年,钢的生产便已达到了四百几十万吨。旧中国几乎没有机器制造业,更没有汽车制造业和飞机制造业,而这些现在都建立起来了。"①"社会主义制度促进了我国生产力的突飞猛进的发展,这一点,甚至连国外的敌人也不能不承认了。"②社会主义的上层建筑能够适应经济基础的发展,也是这个道理。人民民主专政的国家制度和法律,以马克思列宁主义为指导的社会主义意识形态等,这些上层建筑对于我国社会主义改造的胜利和社会主义劳动组织的建立起到了积极的推动作用,是和社会主义的经济基础即社会主义的生产关系相适应的。社会主义的生产关系与生产力之间、上层建筑与经济基础之间除了相适应,也存在相矛盾的状况。毛泽东解释说,这主要是因为"我国的社会主义制度还刚刚建立,还没有完全建成,还不完全巩固"③。例如,"在工商业的公私合营企业中,资本家还拿取定息……就所有制这点上来说,这类企业还不是完全的社会主义性质的。农业生产合作社和手工业生产合作社有一部分也还是半社会主义性质的;完全社会主义化的合作社在所有制的某些个别问题上,还需要继续解决。……在全民所有制经济和集体所有制经济里面,在这两种社会主义经济形式之间,积累和消费的分配问题是一个复杂的问题,也不容

---

① 《毛泽东文集》第7卷,人民出版社1999年版,第214页。
② 《毛泽东文集》第7卷,人民出版社1999年版,第214页。
③ 《毛泽东文集》第7卷,人民出版社1999年版,第214页。

第三章 关于社会主义社会矛盾的一系列重大理论问题

易一下就解决得完全合理"①等,这些都是社会主义的生产关系与生产力发展相矛盾的地方。此外,上层建筑与经济基础之间也存在这种矛盾状况,如资产阶级意识形态还存在,国家机构中某些官僚主义作风也还存在,国家制度中某些环节上的缺陷也还存在等。我们今后必须按照具体的情况,不断地解决生产力与生产关系、经济基础与上层建筑之间的矛盾。当然,矛盾贯穿于事物发展过程的始终,在解决了一些矛盾后,新的矛盾又会出现。总的来说,社会主义社会基本矛盾既相适应又相矛盾,但相适应的一面是主要的,"事实已经回答了这个问题:只有社会主义能够救中国"②。相矛盾的一面是次要的,而且是非对抗性的。这并不是说我们不注意或不去解决这些相矛盾的地方,它也需要我们不断地去调整和变革那些不适应生产力发展的生产关系与上层建筑,通过社会主义制度的自我完善来不断解决。"矛盾不断出现,又不断解决,就是事物发展的辩证规律。"③

第三,毛泽东指出,社会基本矛盾依然是推动社会主义社会发展的根本动力。在中国传统思想文化中,对社会、历史发展的动力问题探讨较早的经典著作是被誉为群经之首的《周易》。在《系辞上传》中明确记载了:"刚柔相推而生变

---

① 《毛泽东文集》第7卷,人民出版社1999年版,第215页。
② 《毛泽东文集》第7卷,人民出版社1999年版,第214页。
③ 《毛泽东文集》第7卷,人民出版社1999年版,第216页。

《关于正确处理人民内部矛盾的问题》精学导读

化"①,"一阴一阳之谓道"②,"日新之谓盛德。生生之谓易"③等,阐述了变化的普遍性,以及阴阳的对立转化得以化生万物的规律,肯定了对立面相互转化的重要作用,说明了自然万物发展的动力乃是阴阳对立面的不断变化。及至近代,孙中山先生对社会发展动力问题的探讨较有代表性。他在谈到三民主义中的民生主义时指出:"民生主义,不但是最高的理想,并且是社会的原动力,是一切历史活动的重心。"④民生不遂,所以社会文明无法发达,经济组织无法改良,各种社会问题层出不穷,实际上社会中的各种问题都是"果",民生问题才是"因",因为"民生就是社会一切活动中的原动力"⑤。在对社会发展动力问题的探索过程中,马克思和恩格斯也经历了学习与借鉴前人成果,即从神学动力、理性动力到唯物主义动力的逐步转变过程。马克思和恩格斯以现实的人为前提条件,对社会发展动力问题进行了分析。第一,生产力是社会发展的原动力。这不仅表现为物质资料生产是隐藏于人们精神背后的动力之源,是人类的第一个历史活动,"食物的生产是直接生产者的生存和一切生产的首要条件"⑥,"历史过程中的决定性因素归根到底

---

① 周振甫:《周易译注》,中华书局1991年版,第232页。
② 周振甫:《周易译注》,中华书局1991年版,第235页。
③ 周振甫:《周易译注》,中华书局1991年版,第235页。
④《孙中山全集》第9卷,中华书局1986年版,第381页。
⑤《孙中山全集》第9卷,中华书局1986年版,第388页。
⑥《马克思恩格斯全集》第25卷,人民出版社1974年版,第715页。

第三章　关于社会主义社会矛盾的一系列重大理论问题

是现实生活的生产和再生产"①，而且体现为生产力决定着社会结构的发展和变化。科技"是一种在历史上起推动作用的、革命的力量"②，但科技也是一种生产力，科技一方面通过改进生产工具等生产资料而转变成生产力，另一方面则通过渗透于劳动者本身，使劳动者本身掌握更高更先进的生产技术，使得生产力得以获得更大程度的发展，从而推动人类社会的前进。第二，以生产力发展为核心，生产力与生产关系、经济基础与上层建筑之间的矛盾运动，从根本上推动着人类社会由低级向高级发展。马克思在《〈政治经济学批判〉序言》中提出，生产力、生产关系（经济基础）、上层建筑这些要素之间互相联结、互相制约、互相作用。它们之间存在着矛盾，并且常常处于摩擦乃至对立斗争状态，人类社会的发展和跃进正是根源于这几个要素之间从基本适合到基本不适合，又从基本不适合到新的基础上的基本适合的矛盾运动。生产力决定生产关系，生产关系反作用于生产力；经济基础决定上层建筑，上层建筑反作用于经济基础，这些作用与反作用关系，就构成了整个社会基本矛盾的辩证运动，推动着人类社会不断前进。第三，生产力与生产关系之间的矛盾、经济基础与上层建筑之间的矛盾，还直接制约着其他矛盾的存在和发展，规定着社会历史的一般进程，贯穿于人类社会的各种社会发展形态。具有抽象性的这两对矛盾，还会通过一些具体事物表现出来，而阶级斗争就是一种最为典型的表现，因而阶级斗争也就成为推动

---

① 《马克思恩格斯选集》第 4 卷，人民出版社 1995 年版，第 695 页。
② 《马克思恩格斯文集》第 3 卷，人民出版社 2009 年版，第 602 页。

《关于正确处理人民内部矛盾的问题》精学导读

人类社会、历史发展的最为直接的动力:"至今一切社会的历史都是阶级斗争的历史。"①马克思和恩格斯在给奥古斯特·倍倍尔、威廉·李卜克内西、威廉·白拉克等人的书信中再次肯定了作为解决物质利益矛盾和社会基本矛盾的最为直接有效的途径:"我们都非常重视阶级斗争,认为它是历史的直接动力,特别是重视资产阶级和无产阶级之间的阶级斗争,认为它是现代社会变革的巨大杠杆。"②此外,马克思还深刻地表明了革命的巨大作用,认为它"是历史的火车头"③,"正是旧的复杂的社会机体中阶级对抗的这种迅速而剧烈的发展,使革命成为社会进步和政治进步的强大推动力"④。第四,马克思还肯定了需要、利益乃至意识等主体方面因素的重要作用:"任何人如果不同时为了自己的某种需要和为了这种需要的器官而做事,他就什么也不能做"⑤;"就单个人来说,他的行动的一切动力……一定要转变为他的意志的动机,才能使他行动起来"⑥。毛泽东在《矛盾论》中继承了这些思想,他总结说:"马克思、恩格斯把这事物矛盾的法则应用到社会历史过程的研究的时候,他们看出生产力和生产关系之间的矛盾,看出剥削阶级和被剥削阶级之间的矛盾以及由于这些矛盾所产生的经济基础和政治及思想等上层建筑

---

① 《马克思恩格斯选集》第 1 卷,人民出版社 1995 年版,第 272 页。
② 《马克思恩格斯全集》第 34 卷,人民出版社 1972 年版,第 383—384 页。
③ 《马克思恩格斯选集》第 1 卷,人民出版社 1995 年版,第 454 页。
④ 《马克思恩格斯选集》第 1 卷,人民出版社 1995 年版,第 512 页。
⑤ 《马克思恩格斯全集》第 3 卷,人民出版社 1960 年版,第 286 页。
⑥ 《马克思恩格斯选集》第 4 卷,人民出版社 1995 年版,第 251 页。

第三章 关于社会主义社会矛盾的一系列重大理论问题

之间的矛盾,而这些矛盾如何不可避免地会在各种不同的阶级社会中,引出各种不同的社会革命。"①他还进一步凝练说:"事物发展的根本原因,不是在事物的外部而是在事物的内部,在于事物内部的矛盾性……事物内部的这种矛盾性是事物发展的根本原因。"②因此,人类历史的演进和社会的发展变化,"主要地是由于社会内部矛盾的发展,即生产力和生产关系的矛盾,阶级之间的矛盾,新旧之间的矛盾,由于这些矛盾的发展,推动了社会的前进,推动了新旧社会的代谢"③。中华人民共和国成立以后,毛泽东在社会主义建设的经验积累和国际共产主义运动中出现波折的背景下,继续坚持和发展了上述思想。他在《关于无产阶级专政的历史经验》一文中,再次肯定:"社会主义社会的发展也是在生产力和生产关系的矛盾中进行着的。"④在中共八届二中全会上他又指出:"将来全世界的帝国主义都打倒了,阶级没有了,那个时候还有生产关系同生产力的矛盾,上层建筑同经济基础的矛盾。"⑤1956年12月的《再论无产阶级专政的历史经验》又提出,社会主义社会中"仍然存在着一定的矛盾。这种矛盾表现成为经济制

---

① 《毛泽东选集》第1卷,人民出版社1991年版,第317—318页。
② 《毛泽东选集》第1卷,人民出版社1991年版,第301页。
③ 《毛泽东选集》第1卷,人民出版社1991年版,第302页。
④ 中共中央文献研究室编:《建国以来重要文献选编》第8册,中央文献出版社1994年版,第231页。
⑤ 中共中央文献研究室编:《毛泽东年谱(1949—1976)》第3卷,中央文献出版社2013年版,第33页。

《关于正确处理人民内部矛盾的问题》精学导读

度和政治制度的某些环节上的缺陷。这种矛盾，虽然不需要用根本性质的变革来解决，仍然需要及时地加以调整"①。这里在社会主义基本矛盾中加上了经济基础和上层建筑的矛盾的表述，更趋完善。到了1957年1月召开省区市党委书记会议的时候，毛泽东在讲话中就已经把社会基本矛盾是推动社会向前发展的根本动力问题明确提了出来："斯大林在一个长时期里不承认社会主义制度下生产关系和生产力之间的矛盾，上层建筑和经济基础之间的矛盾。直到他逝世前一年写的《苏联社会主义经济问题》，才吞吞吐吐地谈到了社会主义制度下生产关系和生产力之间的矛盾……但是，他还是没有把社会主义制度下生产关系和生产力之间的矛盾，上层建筑和经济基础之间的矛盾，当作全面性的问题提出来，他还是没有认识到这些矛盾是推动社会主义社会向前发展的基本矛盾。"②在《关于正确处理人民内部矛盾的问题》中，毛泽东郑重强调："在社会主义社会中，基本的矛盾仍然是生产关系和生产力之间的矛盾，上层建筑和经济基础之间的矛盾。不过……这些矛盾，同旧社会的……具有根本不同的性质和情况罢了。"③

毛泽东关于社会主义基本矛盾的理论，已经被历史和实践证明了其价值与意义。邓小平在1979年进一步指出："关于基

---

① 中共中央文献研究室编：《建国以来重要文献选编》第9册，中央文献出版社1994年版，第571页。
② 中共中央文献研究室编：《毛泽东著作专题摘编》上，中央文献出版社2003年版，第911—912页。
③《毛泽东文集》第7卷，人民出版社1999年版，第214页。

第三章 关于社会主义社会矛盾的一系列重大理论问题

本矛盾,我想现在还是按照毛泽东同志在《关于正确处理人民内部矛盾的问题》一文中的提法比较好。……从二十多年的实践看来,这个提法比其他的一些提法妥当。"①

二、性质完全不同的两类矛盾

1. 人民与敌人

毛泽东在《关于正确处理人民内部矛盾的问题》中开门见山地指出,我们面前存在着敌我矛盾和人民内部矛盾两类社会矛盾,而为了正确地认识敌我之间和人民内部这两类不同性质的矛盾,我们"应该首先弄清楚什么是人民,什么是敌人"②。因为"人民这个概念在不同的国家和各个国家的不同的历史时期,有着不同的内容"③。从毛泽东自身的思想发展和论述来看,在不同的历史时期,"人民"这一概念也有着不同的内涵和指向。

1910年秋季,毛泽东第一次正式走出韶山冲,赴教授新学的湘乡东山小学堂求学。正是在这段时间里,毛泽东接受了一些新学的知识,大大开阔了眼界,并受到了政治启蒙。他在阅读《新民丛报》时,对上面连载的梁启超的《新民说》一文看

---

① 《邓小平文选》第2卷,人民出版社1994年版,第181—182页。
② 《毛泽东文集》第7卷,人民出版社1999年版,第205页。
③ 《毛泽东文集》第7卷,人民出版社1999年版,第205页。

《关于正确处理人民内部矛盾的问题》精学导读

得很仔细,并在其中第六节"论国家思想"处写了一段批语,言及当时的两种君主制国家,一种是"立宪之国家,宪法为人民所制定,君主为人民所推戴"①,如英国、日本等国;另一种则是"专制之国家,法令为君主所制定,君主非人民所心悦诚服者"②,如中国等。这大约是目前掌握的毛泽东涉及"人民"概念的最早的政论性文字,表明了他当时对于君主立宪和封建专制两种国家体制的理解。这时毛泽东所指的"人民"还只是抽象的概念,大体上与"君主"相对而存在的对象,尚未被他赋予明确的阶级色彩和意义或者政治内涵,在这里将之视为"民意"或者"民心"或许更恰当。

在湖南第一师范学院就读期间,毛泽东专心于探讨"大本大源"和"宇宙之真理",认为人人心中皆有"宇宙之真理",掌握了"宇宙之真理",就抓得了人生的"大本大源",就能内外通达。毛泽东以此为分水岭,来划分圣贤与凡愚、君子与小人,提出:"圣人,既得大本者也;贤人,略得大本者也;愚人,不得大本者也。圣人通达天地,明贯过去现在未来……愚者或震之为神奇,不知并无谬巧,惟在得一大本而已。"③然而,世间圣贤与君子毕竟是少数,多数仍是愚人与小民,这大

---

① 中共中央文献研究室编:《毛泽东年谱(1893—1949)》上卷,中央文献出版社2002年版,第9页。
② 中共中央文献研究室编:《毛泽东年谱(1893—1949)》上卷,中央文献出版社2002年版,第9页。
③ 中共中央文献研究室、中共湖南省委《毛泽东早期文稿》编辑组编:《毛泽东早期文稿》,湖南出版社1990年版,第87页。

第三章 关于社会主义社会矛盾的一系列重大理论问题

多数人常常"不得大本",眼光狭隘,容易受物欲蒙蔽,只顾眼前利益,行动也具有盲目性,他们无法掌握自己的命运,所以只能任人颠倒摆布,世间的法律、礼仪等各种制度,以及终日忙碌的农业、工业、商业就是为这大多数的愚人和小民设立的。作为我们的同胞,这些人的遭遇实在是"可悯""可怜",所以圣贤和君子当存"慈悲之心"来救助这占人口大多数的凡愚,"宜为一援手,开其智而蓄其德,与之共跻于圣域。彼时天下皆为圣贤,而无凡愚,可尽毁一切世法,呼太和之气而吸清海之波"[①]。通过这些言论可以看出,毛泽东此时对于"人民"的理解,主要是从事农业、工业、商业者,并且是以是否抓住了"大本大源",以智愚作为划分标准的,期盼着圣贤君子来开愚凡人之智。所以,总体来看,这一时期毛泽东虽然认识到个人的重要性,但划分"人民"内涵的依据采用的是是否抓住了"大本大源"的智愚标准,而不是统治与被统治者、剥削与被剥削者这类的政治、经济标准,说明此时毛泽东对"人民"的认识仍处于个人本位的阶段,受时代条件和历史认知水平的限制,仍是一种抽象的认识。

五四运动时期,受各种思潮激荡的影响,毛泽东的思想发生了迅速且重大的变化。1918年,他和志同道合的同学们一起,发起成立了新民学会,从"新民"入手,改造中国与世界。他

---

① 中共中央文献研究室、中共湖南省委《毛泽东早期文稿》编辑组编:《毛泽东早期文稿》,湖南出版社1990年版,第89页。

《关于正确处理人民内部矛盾的问题》精学导读

高呼世界是我们的世界,国家是我们的国家,社会是我们的社会,要通过"民众的大联合",以"平民主义"打倒"强权主义"。他在《民众的大联合》中强调,民众大联合的力量是不容小觑的,因为"一国的民众,总比一国的贵族资本家及其他强权者要多。贵族资本家及其他强权者……剥削多数平民的公共利益者,第一是知识,第二是金钱,第三是武力"①。可见,"民众"是与贵族资本家和强权者相对的概念,他们之间是以利益来划分的。贵族资本家和强权者通过知识、金钱、武力三种手段,制造了"智愚的阶级"、"贫富的阶级"和"强弱的阶级"等社会上的种种不平等。而愚者、贫者、弱者恰恰是占据了人口多数的广大平民。为了求得共同的利益,只有通过平民的大联合,才能推翻这种不平等。这种联合,毛泽东也称之为"群",有"大群",有"小群",即有大联合,也有小联合。由此来看,毛泽东此时对于"群众"的理解,实际上就是民众的联合。在另一篇文章《绝对赞成"湖南们罗主义"》中,毛泽东又特别指出了:"这最大多数人民必定是(一)种田的农人,(二)做工的工人……"②因此,毛泽东对于"人民"这一概念的认识和理解,以五四时期为分界点,相比之前已经有了实质性的进步。首先,划分"人民"的标准已经由五四运动之前是

---

① 中共中央文献研究室、中共湖南省委《毛泽东早期文稿》编辑组编:《毛泽东早期文稿》,湖南出版社1990年版,第339页。
② 中共中央文献研究室、中共湖南省委《毛泽东早期文稿》编辑组编:《毛泽东早期文稿》,湖南出版社1990年版,第510页。

第三章 关于社会主义社会矛盾的一系列重大理论问题

否抓住"大本大源"来判断圣贤与凡愚的方法,转变成了以利益的方法、社会力量对比的方法,以及阶级或阶层的方法来划分人群了,运用阶级分析方法的思想已经开始萌芽。其次,毛泽东对于"人民"的涵盖范围,已经脱离了个体主义的视角,转变为社会群体性视角,明确指出"人民"是社会的"最大多数",是政治上受压迫、经济上受剥削、文化上受愚弄的劳动群众,并且将重点放在了农民和工人两个阶级身上。最后,毛泽东已经认识到"群众",即民众联合的伟大力量,认识到以工人和农民为主体的广大民众的联合,是革命胜利的主要因素和推动力量,这不仅在理论上而且在实践上为后来提出"人民是创造世界历史的动力""群众是真正的英雄"等一系列关于"人民"的论断奠定了基础。

毛泽东在接受马克思主义以后,开始逐步将中国社会和中国革命的诸问题置于马克思主义的分析框架内来分析看待。国民革命期间,《新时代》在1923年4月10日的创刊号上刊发了一篇毛泽东的题为《外力、军阀与革命》的文章。毛泽东在文中认为,反动军阀必然会造成政治黑暗、财政紊乱、实业教育停滞,"压迫人民的办法更发厉害"①。从中国的社会经济现象看,中国当前的社会条件于反动军阀的统治是最有利的,因为当下的民众:"百分之九十几未受教育……人民的组织,除开沿江沿海沿铁路应乎他们经济的情形有一点微弱的组

---

① 《毛泽东文集》第 1 卷,人民出版社 1993 年版,第 11 页。

《关于正确处理人民内部矛盾的问题》精学导读

织……几乎全是家族的农村的手工业的自足组织。"①通过这些表述可以看出,毛泽东此时是将反动军阀与"人民"对立而言的,"人民"具有政治、经济方面的意义,涵盖了包括国民党在内的工商界人士、教职员和学生等在内的知识分子、农民,以及城市和农村的手工业者等。在1923年7月的《向导》上发表的题为《北京政变与商人》的文章中,毛泽东分析说,现在中国的主要问题从根本上说就是推翻军阀及其背后的外国帝国主义的国民革命问题,"这个革命是国民全体的任务,全国国民中商人、工人、农人、学生、教职员,都同样应该挺身出来担负一部分革命的工作"②,其中最为迫切重要的,是商人的工作。只有团结起"商人、工人、农人、学生、教职员,乃至各种各色凡属同受压迫的国民,建立严密的联合战线,这个革命才可以成功"③。由此可见,毛泽东此时对于"国民"的表述,几乎与之前《外力、军阀与革命》中"人民"的表述如出一辙,其涵盖范围包括了商人在内的工人、农民、学生、教职员及其他受压迫的人等。但是,他还认为其中商人地位居于领导地位,则显示出了其认识的局限性。

---

① 《毛泽东文集》第1卷,人民出版社1993年版,第11页。
② 蔡和森等主编:《向导》第1册,见《红藏:进步期刊总汇(1915—1949)》编辑出版委员会编:《红藏:进步期刊总汇(1915—1949)》,湘潭大学出版社2014年版,第233页。
③ 蔡和森等主编:《向导》第1册,见《红藏:进步期刊总汇(1915—1949)》编辑出版委员会编:《红藏:进步期刊总汇(1915—1949)》,湘潭大学出版社2014年版,第234页。

第三章 关于社会主义社会矛盾的一系列重大理论问题

毛泽东在 1925 年的《革命》半月刊上，发表了用马克思主义的观点与方法系统分析中国社会的第一篇代表作《中国社会各阶级的分析》。根据社会各类人的经济地位、对革命的态度等标准，毛泽东将中国社会的阶级构成划分为了地主阶级和买办阶级等五个主要的社会阶级，并把这些阶级进行了敌、我、友的划分，"可知一切勾结帝国主义的军阀、官僚、买办阶级、大地主阶级以及附属于他们的一部分反动知识界，是我们的敌人。工业无产阶级是我们革命的领导力量。一切半无产阶级、小资产阶级，是我们最接近的朋友。那动摇不定的中产阶级，其右翼可能是我们的敌人，其左翼可能是我们的朋友"①。毛泽东在这篇文章中虽然没有明确提出"人民"或者"国民"的概念，但从他的分析中仍可以看出一些认识上的进步与深化。首先，他明确提出了工业无产阶级是革命的领导力量，这是对之前在《北京政变与商人》一文中提出的商人是国民革命的领导的观点的否认，表明他已经正确认识到中国革命的领导力量。其次，毛泽东对商人进行了分类，依据他们的经济状况和革命态度将一部分划入了买办阶级（大资产阶级），一部分划入了中产阶级，还有一部分划入了小资产阶级和半无产阶级，并认识到了民族资产阶级的两面性；他对农民也进行了自耕农、半自耕农、贫农、雇农、失地农等分类，分别归入了小资产阶级、半无产阶级、无产阶级和游民无产者；把小手工业者和店员归入了半

---

① 《毛泽东选集》第 1 卷，人民出版社 1991 年版，第 9 页。

《关于正确处理人民内部矛盾的问题》精学导读

无产阶级；把学生界、中小学教员、小员司、小事务员、小律师等小知识阶层归入了小资产阶级，这些细致的分类和阶级归类表明毛泽东对中国社会和中国社会中各类人群认识的加深。因此，可以认为，毛泽东此时已经站在阶级立场，用阶级分析方法来注解"国民"或"人民"了，而此时"人民"或"国民"的范畴大致就包括了"我"与"友"两部分，涵盖了以工业无产阶级和雇农为主的无产阶级，以半自耕农、贫农、小手工业者等为主的半无产阶级，以自耕农、手工业主等阶层为主的小资产阶级，以民族资产阶级为主的中产阶级（主要是民族资产阶级的左翼）。——这些看法与同年冬天发表的《国民党右派分离的原因及其对于革命前途的影响》一文相呼应。毛泽东在文中说，现在的革命从根本上说就是小资产阶级、半无产阶级、无产阶级这三个革命阶级的联合，大资产阶级及其附属的帝国主义则是反革命阶级与势力，中间那动摇不定的就是中产阶级。在中国的四万万人中，"为了救苦为了自求解放的革命民众有多少呢？有三万万九千五百万，占百分之九八点七五。其敌人有多少呢？有一百万，占百分之零点二五。中间派有多少呢？有四百万，占百分之一"[①]。这些革命的民众就包括了分别约占一万万五千万的包括自耕农与小商人等在内的小资产阶级；约占二万万的包括佃农与手工业工人等在内的半无产阶级和约占四千五百万的包括工人与雇农等在内的无产阶级。

---

① 《毛泽东文集》第 1 卷，人民出版社 1993 年版，第 29 页。

第三章 关于社会主义社会矛盾的一系列重大理论问题

随着中国革命的发展,农民问题越来越引起毛泽东的重点关注。第二次国内革命战争期间,毛泽东做了大量的农村调查,在1930年5月《反对本本主义》一文中,毛泽东明确提出没有调查就没有发言权,不做客观调查,主观地瞎说一顿,必然失去"群众",所以号召要到"群众"中去做实际调查,这些群众对象"以职业说,工人也要,农民也要,商人也要,知识分子也要,有时兵士也要,流氓也要"①。这实际上就是这一时期毛泽东对于"群众"的认识,其范围就包括了工人、农民、知识分子等职业在内的普通民众。在1933年8月12日写的《必须注意经济工作》一文中,毛泽东将"人民"与"群众"联系起来用,提出要改善人民群众的生活,从经济战线上把广大人民群众的革命积极性调动和组织起来。在随后发表的《关心群众生活,注意工作方法》的文章中,毛泽东又指出,拥护革命的千百万真心实意的群众,是真正的对付敌人的铜墙铁壁,是任何力量攻不破的。为此,我们必须团结尽可能多的群众在我们周围,解决群众的生产和生活问题,真心实意地为群众谋利益。这些为群众谋利益的工作涉及面广泛:"领导农民的土地斗争,分土地给农民;提高农民的劳动热情,增加农业生产;保障工人的利益。"②通过这一表述可以发现,毛泽东这里所指的人民群众,主要也仍然是指农民和工人。可见,第二次国

---

① 《毛泽东选集》第1卷,人民出版社1991年版,第116—117页。
② 《毛泽东选集》第1卷,人民出版社1991年版,第136页。

《关于正确处理人民内部矛盾的问题》精学导读

内革命战争期间,毛泽东对于"人民"的认识已经有进一步的发展和侧重了:第一,在分析了中国社会的阶级结构后认识到农民在中国人口中所占比重最大,敏锐地发现了其对于中国革命的极端重要性,并将主要目光和精力放到了农民问题上来,这实际上是使中国革命的无产阶级领导权有了落脚点和广泛的依靠力量,解决了中国革命最主要的同盟军的问题。第二,其工作的重心和大量的农村调查与所发表的文章也表明,从这一时期开始,"人民"的内涵已经有了侧重点,即以工农联盟为基础,特别是以农民为主体;民众的大联合,最主要的就是农民的联合、工农的联合。第三,这一时期已经形成了较为明确的人民群众观,提出了广大人民群众才是革命战争中真正的攻不破的"铜墙铁壁",因此要相信、依靠、团结群众,关心群众的生活,并强调了人民群众是社会实践的主体,实现了其实践观和人民群众观点的内在统一。

抗日战争期间,毛泽东对于"人民"的认识随着国内外实际情况的变化,又有了新发展。在《论反对日本帝国主义的策略》中,毛泽东指出,倘若说过去我们是工人、农民和城市中的小资产阶级三个主要阶级一起组成联盟的政府,"那末,从现在起,应当改变为除了工人、农民和城市小资产阶级以外,还要加上一切其他阶级中愿意参加民族革命的分子"[①]。即要把工农共和国变为人民共和国,主要用来表明我们这个政府代

---

① 《毛泽东选集》第 1 卷,人民出版社 1991 年版,第 156 页。

第三章 关于社会主义社会矛盾的一系列重大理论问题

表的广泛性:"不但那些……对土地革命没有兴趣的人,可以参加,就是那些同欧美帝国主义有关系,不能反对欧美帝国主义,却可以反对日本帝国主义及其走狗的人们,只要他们愿意,也可以参加。"[①]中国的阶级关系早已由于日本帝国主义的侵略而改变,小资产阶级、民族资产阶级等,都有了参加抗日斗争的意愿。这个抗日的"人民共和国",并不把那些帝国主义及其走狗豪绅买办阶级放在所谓的人民之列,因为买办阶级和地主阶级不顾民族利益,他们的利益同包括工农及其他人民的利益相冲突,在人数上只占少数,所以我们说我们是代表着全民族的是有依据的。因此,"人民共和国是代表反帝国主义反封建势力的各阶层人民的利益的。人民共和国的政府以工农为主体,同时容纳其他反帝国主义反封建势力的阶级"[②]。由于工人农民是这个共和国的基本群众,这个政府也是由共产党来领导和活动的,且给城市小资产阶级、知识分子等说话做事的权利是在不违背工农基本群众利益的前提下进行的,因而能保证即使有这些过去的敌对阶级参与也是不会有危险的。所以,在毛泽东看来,这一时期"人民群众"概念的外延就涵盖了包括工人、农民、城市小资产阶级,以及知识分子和愿意抗日的民族资产阶级等阶级与阶层在内的人,"革命的动力,基本上依然是工人、农民和城市小资产阶级,现在则可能增加一个民

---

① 《毛泽东选集》第 1 卷,人民出版社 1991 年版,第 156 页。
② 《毛泽东选集》第 1 卷,人民出版社 1991 年版,第 159 页。

《关于正确处理人民内部矛盾的问题》精学导读

族资产阶级"①。在此基础上，毛泽东又在 1937 年 5 月 3 日的《中国共产党在抗日时期的任务》和 5 月 8 日的《为争取千百万群众进入抗日民族统一战线而斗争》中，强调了这一认识，中日两大民族之间的战争："变动了国内的阶级关系，使资产阶级甚至军阀都……逐渐地发生了改变政治态度的过程"，"变动了全国人民大众（无产阶级、农民和城市小资产阶级）和共产党的情况和政策。人民更大规模地起来为救亡而斗争"②。我们要看到这些改变，联合起："包括资产阶级及一切同意保卫祖国的人们。"③其中，已经有一定基础的如工农阶级等，还有待于我们持续地发动和组织，之前没有革命基础或者意愿不强的如资产阶级等，还有待于我们进一步地采取联合与斗争工作。④总之，组成、巩固、扩大抗日民族统一战线，并实现其历史任务，实现建立民主共和国的目标，都离不开争取千百万"人民群众"的努力——离不开争取无产阶级、农民、城市小资产阶级、资产阶级及一切抗日分子的努力。

卢沟桥事变后，面对危急局势和全国上下一致要求对日作战的要求，毛泽东和中国共产党建立抗日民族统一战线的呼声日益高涨，毛泽东对"人民"的认识及涵盖范围也服从于"抗日"的大局和目标，而且更加明确。在 1937 年 8 月 25 日发表

---

① 《毛泽东选集》第 1 卷，人民出版社 1991 年版，第 160 页。
② 《毛泽东选集》第 1 卷，人民出版社 1991 年版，第 253 页。
③ 《毛泽东选集》第 1 卷，人民出版社 1991 年版，第 253 页。
④ 《毛泽东选集》第 1 卷，人民出版社 1991 年版，第 279 页。

第三章 关于社会主义社会矛盾的一系列重大理论问题

的《为动员一切力量争取抗战胜利而斗争》一文中,毛泽东打破阶级分野,提出动员包括知识分子、民族资产阶级、军队,以及蒙古族、回族等各少数民族在内的,乃至"除汉奸外"的全中国人民出钱、出力、出枪乃至出知识,各尽所能,武装起来。在1937年9月29日发表的《国共合作成立后的迫切任务》一文中,毛泽东明确指出,抗日民族统一战线:"是各党各派各界各军的统一战线,是工农兵学商一切爱国同胞的统一战线。"①在《中国革命和中国共产党》《新民主主义论》等文章中,毛泽东谈道,中国革命已经摆脱旧式的一般的资产阶级民主主义革命的束缚,演变成了中国式的、特殊的、新式的民主主义革命。这个新民主主义革命是一场由无产阶级领导的,有各行各业各层次的人民大众参与的,以反对帝国主义、封建主义和官僚资本主义为目的的革命。这里的"人民大众"即新民主主义革命反对帝国主义和封建主义的动力。毛泽东再次依据社会经济地位分析了中国社会的阶级结构,并对他们是否是新民主主义革命的动力进行了判定:地主阶级,是革命的对象;资产阶级,又分为大资产阶级和民族资产阶级,其中对于大资产阶级的投降派(亲日派)是革命的对象,大资产阶级的顽固派(欧美派)则既要联合他们抗日的一面又要斗争他们破坏抗日的一面,具有两重性的民族资产阶级虽然在某一时期内有成为反革命助手的危险,但在抗日战争阶段仍然是我们的同盟者;

---

① 《毛泽东选集》第 2 卷,人民出版社 1991 年版,第 365—366 页。

《关于正确处理人民内部矛盾的问题》精学导读

包括知识分子、小商人、手工业者、自由职业者在内的农民以外的小资产阶级,是革命的动力之一;以贫农和中农为主的农民阶级是革命的动力之一;城市和农村的无产阶级是最有革命觉悟和组织性的阶级,是中国革命最基本的动力;由土匪、流氓、乞丐、娼妓、迷信职业家等失业和无业人群组成的游民阶层,也是革命的动力之一,但要注意改造他们,防止他们的破坏性。通过这些分析可以看出,抗日战争时期,在反对日本帝国主义的旗帜和任务下,毛泽东对"人民"在革命中的定位与认识进一步明确,并且随着革命对象的变化其内容也有所变化。"人民"的范围涵盖了工农兵学商,包括抗日的国共两党和爱国的各界同胞,但是排除了汉奸、亲日派等奸细分子。作为新民主主义革命动力的"人民大众",仍然是以社会经济地位为划分标准,包括无产阶级、农民阶级、民族资产阶级、小资产阶级、游民阶层、一部分大资产阶级等阶级和阶层,其中无产阶级是明确的革命领导力量,占人口多数的农民阶级则是毫无疑问的革命主力,中国革命实际上就是共产党领导下的农民革命。农民,已经是毛泽东"人民"范畴中至关重要的组成部分,占据了主要地位。

  解放战争时期,随着日本帝国主义的投降,国际局势和国内形势都发生了变化,毛泽东关于人民的论述也随之发生了变化。在1948年发表的《关于目前党的政策中的几个重要问题》一文中,毛泽东对新民主主义政权的组成和属性作了阐述,明确了:"所谓人民大众,是包括工人阶级、农民阶级、城市小

第三章 关于社会主义社会矛盾的一系列重大理论问题

资产阶级、被帝国主义和国民党反动政权及其所代表的官僚资产阶级（大资产阶级）和地主阶级所压迫和损害的民族资产阶级，而以工人、农民（兵士主要是穿军服的农民）和其他劳动人民为主体。"①这就指明了"人民"是以被反动派压迫为特征的，包括了工人、农民、资产阶级等被压迫的阶级阶层，其中工人和农民等劳动者是人民群众的主体，占人口的大多数，工人阶级则通过其先锋队中国共产党对这个人民大众的国家及其政府进行领导，是领导阶级。在1948年3月1日发表的《关于民族资产阶级和开明绅士问题》一文中，毛泽东对前两篇文章中提出的"人民"观点再次进行了印证，"所谓人民大众，是指一切被帝国主义、封建主义、官僚资本主义所压迫、损害或限制的人们，也即是一九四七年十月中国人民解放军宣言上明确地指出的工、农、兵、学、商和其他一切爱国人士"②。毛泽东对此进行了阐释，其中的"学"，"即是指一切受迫害、受限制的知识分子"③；其中的"商"，"即是指一切受迫害、受限制的民族资产阶级，即中小资产阶级"④；其中的"其他爱国人士"，"则主要地是指的开明绅士"⑤。毛泽东强调，现阶段我们要团结上述的这些人，组成以劳动人民为主体的革

---

① 《毛泽东选集》第4卷，人民出版社1991年版，第1272页。
② 《毛泽东选集》第4卷，人民出版社1991年版，第1287页。
③ 《毛泽东选集》第4卷，人民出版社1991年版，第1287页。
④ 《毛泽东选集》第4卷，人民出版社1991年版，第1287页。
⑤ 《毛泽东选集》第4卷，人民出版社1991年版，第1287页。

《关于正确处理人民内部矛盾的问题》精学导读

命统一战线,反对帝国主义、封建主义和官僚资本主义(又称"三座大山"),并建立一个以劳动人民为主体的,人民大众的新民主主义共和国。毛泽东这里强调的劳动人民"是指一切体力劳动者(如工人、农民、手工业者等)以及和体力劳动者相近的、不剥削人而又受人剥削的脑力劳动者"[①]。1948年4月1日,毛泽东在晋绥干部会议上所作的讲话中,在强调统一战线的范围时又提到了:"这里包括了工人、农民、独立劳动者、自由职业者、知识分子、民族资产阶级以及从地主阶级分裂出来的一部分开明绅士,这就是我们所说的人民大众。"[②]由此可以看出,解放战争时期,毛泽东对于"人民"的认识,其涵盖范围相比于抗日战争时期有所缩小,由服从于抗日救国的目的转变为服从于推翻"三座大山"的阶级压迫为目的。人民大众从特征上看,都具有受压迫、受限制的特征;从阶级关系上看,是受帝国主义、封建主义和官僚资本主义压迫的阶级与阶层,包括工人阶级、农民阶级、小资产阶级、民族资产阶级和一部分地主阶级;从职业来看,涵盖了工人、农民、学生与知识分子、士兵、自由职业者、手工业者等。其中,工人阶级是"人民大众"的领导阶级,而包括工人、农民、手工业者等体力劳动者和相关的受压迫的脑力劳动者在内的劳动人民是"人民大众"的主体,从地主阶级中分裂出来的带有民主色彩的"其

---

① 《毛泽东选集》第4卷,人民出版社1991年版,第1287页。
② 《毛泽东选集》第4卷,人民出版社1991年版,第1313页。

第三章 关于社会主义社会矛盾的一系列重大理论问题

他爱国人士"即开明绅士,也是人民革命统一战线中的一份力量,民族资产阶级虽然在政治上常常具有软弱性和动摇性,但是由于他们也遭受着"三座大山"的压迫,"他们是人民大众的一部分,但不是人民大众的主体,也不是决定革命性质的力量"①。"人民大众"的革命对象,即敌人主要是以蒋介石为代表的帝国主义、封建主义和官僚资本主义。

中华人民共和国成立后,"中国已归人民,一草一木都是人民的"②。在经过社会主义三大改造后,毛泽东在《关于正确处理人民内部矛盾的问题》中明确指出:"在现阶段,在建设社会主义的时期,一切赞成、拥护和参加社会主义建设事业的阶级、阶层和社会集团,都属于人民的范围;一切反抗社会主义革命和敌视、破坏社会主义建设的社会势力和社会集团,都是人民的敌人。"③由此可见,到这一时期毛泽东已经不再以社会经济地位的标准来作为划分人民的界限,而是以对社会主义革命和社会主义建设的态度为标准来判定人民的范围。凡是赞成、拥护和参加中国的新民主主义革命、社会主义建设的人们,都属于人民的范围,而反对、破坏中国革命和社会主义建设的,则是站在人民对立面的敌人。

回顾毛泽东的"人民"概念的历史发展可以看出,总体而言:首先,毛泽东的"人民"队伍虽然在不同的社会、不同的

---

① 《毛泽东选集》第4卷,人民出版社1991年版,第1288页。
② 《毛泽东文集》第6卷,人民出版社1999年版,第14页。
③ 《毛泽东文集》第7卷,人民出版社1999年版,第205页。

历史时期具体界定有所不同，但仅从数量上来看，"人民"队伍是不断发展壮大的，涵盖了某一社会历史时期社会人口的绝大多数，"人民"在中国社会不同历史时期都始终具有量的优势。其次，由于不同历史时期的革命对象和目的不同，所要解决的社会矛盾也不一样，但在毛泽东的话语体系中，以工人阶级、农民阶级和小资产阶级为主体的人民始终是推动社会矛盾运动的主要力量，推动着社会生产力的发展，代表着社会历史进步的前进方向，因而"人民"概念在毛泽东的话语体系中不仅有量的优势，而且有着稳定的质的内涵和历史进步性。再次，"人民"概念的具体范围虽然在不同历史时期由于革命对象和革命任务的不同也有一些变化，但工人阶级及作为工人阶级天然同盟军的农民阶级始终是稳定的中坚力量。随着资产阶级在社会主义改造过程中逐步被改造成为社会主义的普通劳动者，将劳动者的总体数量和大致范围都增加与扩大了，因而从主体构成上来看，抛开阶级范畴，毛泽东话语体系中的"人民"的主体，始终是社会的劳动者。进一步来看，毛泽东所指的"人民"从宏观上来说是推动社会历史发展的主体和根本动力，是一个整体。从中观上来看，这一整体是由如工人、农民那样的不同的社会阶级或者说社会群体构成的，他们之所以能成为推动社会历史发展的主体和根本动力，就在于构成这一整体的不同社会群体之间在根本利益上是一致的，在解决社会主要矛盾的根本目标上是一致的，有着相同的利益基础。从微观上来看，虽然"人民"内部在

第三章 关于社会主义社会矛盾的一系列重大理论问题

根本利益上是一致的，但并不能忽视各个社会群体及各个社会群体内部之间存在着具体的利益差别和矛盾，组成宏观上"人民"这一整体，仍然是微观层面的具体的个人，正如习近平同志所指出的："人民不是抽象的符号，而是一个一个具体的人的集合，每个人都有血有肉、有情感、有爱恨、有梦想，都有内心的冲突和忧伤。"① 作为人民的整体利益与作为每一个个体的利益紧密相连，而人民个体利益之间的差别与矛盾并不影响人民的整体性，因为个体之间的根本利益是一致的。所以一般来说，毛泽东话语体系中的"人民"实际上指代的是一个占社会人口的大多数，代表着社会历史前进的方向和根本动力，由一个个具体的劳动者在根本利益一致的基础上组成的社会整体。

2. 两类矛盾及其处理方法

既然社会主义条件下普遍性的存在矛盾，并且社会主义社会的发展也是基于这些矛盾的运动变化，那么必须正确面对这些矛盾，厘清社会主义社会中存在哪些类型或者哪些性质的矛盾。《关于正确处理人民内部矛盾的问题》中指出："在我们的面前有两类社会矛盾，这就是敌我之间的矛盾和人民内部的矛盾。这是性质完全不同的两类矛盾。"② 而一般来说，"人

---

① 习近平：《在中国文联十大、中国作协九大开幕式上的讲话》，2016年11月30日，http://news.xinhuanet.com/politics/2016-11/30/c_1120025319.htm。
②《毛泽东文集》第7卷，人民出版社1999年版，第204—205页。

《关于正确处理人民内部矛盾的问题》精学导读

民内部的矛盾,是在人民利益根本一致的基础上的矛盾"①。两类矛盾的性质不同,解决的方法也就不同。毛泽东关于两类不同性质的矛盾的观点,既有马克思主义的理论渊源,又结合了中国实际的现实内容。

在马克思和恩格斯看来,随着经济的发展,资本主义社会将发生显著的变化,"整个社会日益分裂为两大敌对的阵营,分裂为两大相互直接对立的阶级:资产阶级和无产阶级"②。形成这种简单的敌我阶级对垒的前提条件是:生产力高度发达,社会分化程度高,无产阶级革命在诸多现代化工业国家中取得胜利。然而,现实情况却远超马克思和恩格斯的预设,在发达的现代工业化国家中,无产阶级革命没有获得成功,反而是在经济文化不怎么发达,社会阶级情况较为复杂的国家如俄国和中国等国家中取得了可喜的成绩。面对社会阶级情况相对复杂(不是简单的敌我两大阶级对垒),无产阶级力量并不强大,经济文化相对落后的国情,俄国和中国所面临的主要历史任务,是要在无产阶级政党的领导下完成民主主义革命的历史任务,努力发展生产力,为进行社会主义革命打好经济文化等各方面的基础,而不是消灭资产阶级。因此,如何对待成分复杂的中间阶级,也就成为一个必须要解决的棘手且重要的问题被提了出来。

---

① 《毛泽东文集》第7卷,人民出版社1999年版,第206页。
② 《马克思恩格斯选集》第1卷,人民出版社1995年版,第273页。

第三章 关于社会主义社会矛盾的一系列重大理论问题

列宁将马克思主义与俄国的实际相结合,具体问题具体分析,提出了他的解决方案。他在《社会民主党在民主革命中的两种策略》一文中,阐述了在资产阶级的民主革命阶段,无产阶级要与半无产阶级结成革命的联盟,要重视并且抓住革命的领导权,在无产阶级领导下资产阶级革命可以直接转变为社会主义革命等重大问题。列宁在这篇文章中对"人民""专政"等政治概念都做了阐释:人民"即无产阶级和农民……农村小资产阶级和城市小资产阶级(也是'人民')"①,革命要想取得对沙皇制度的胜利,只能采取无产阶级和农民的革命民主专政,除此以外,没有任何力量能够取得这种胜利。因为实现无产阶级和农民所期望的改革,一定会引起地主、大资产者等阶级的拼命反抗,而摧毁这种反抗和反革命的,只能是联合各中间阶级对反革命进行专政。列宁着重指出,无产阶级在民主革命阶段的任务主要是:"把民主革命进行到底,这就要把农民群众联合到自己方面来,以便用强力粉碎专制制度的反抗,并麻痹资产阶级的不稳定性……麻痹农民和小资产阶级的不稳定性。"②由此可见,在列宁看来,在进行民主主义革命到社会主义革命过程中,敌我之间还存在着中间一方或者说"友"的一方,涉及四个方面的对象,即"联合"农民群众和半无产群众,"麻痹"资产阶级的不稳定性,以及农民和小资产阶级

---

① 《列宁选集》第1卷,人民出版社1995年版,第562页。
② 《列宁选集》第1卷,人民出版社1995年版,第606页。

的不稳定性。另外，无产阶级"联合"与"麻痹"的对象不是固定不变的，而是随着革命阶段和革命对象的变化而变化，"联合"与"麻痹"只是革命的一种策略和手段。在民主革命阶段，我们要对农民群众采取联合策略，对资产阶级实行麻痹政策，以对付封建专制；而到了社会主义的革命阶段，我们就要对广大的半无产者采取联合策略，对农民和小资产者采取麻痹政策，以对付资产阶级。在后来的《共产主义运动中的"左派"幼稚病》中，列宁还进一步总结了这些实现革命成功的手段与策略，认为拒绝利用各种敌人之间的矛盾和拒绝可能的同盟者都是极为可笑的，无产阶级在推翻资产阶级后，在很长一段时间内，可能无产阶级的力量还会很薄弱，要以薄弱的力量抗衡强大的敌人，"就必须尽最大的努力，同时必须极仔细、极留心、极谨慎、极巧妙地一方面利用敌人之间的一切'裂痕'……另一方面要利用一切机会，哪怕是极小的机会，来获得大量的同盟者，尽管这些同盟者可能是暂时的、动摇的、不稳定的、不可靠的、有条件的"①。这是革命的马克思主义的基本道理，倘若不懂得，就不算掌握了马克思主义。

中国在革命背景、革命任务等诸多方面与俄国有着相类似的情况，而现有历史资料也充分表明，毛泽东是熟读了列宁的上述经典文章并深受其影响的。直到晚年他还时常对此加以评论，指出："争取团结多数是列宁的思想，后来我们根据列宁

---

① 《列宁选集》第 4 卷，人民出版社 1995 年版，第 180 页。

第三章 关于社会主义社会矛盾的一系列重大理论问题

的思想概括了几句话,即利用矛盾,争取多数,反对少数,各个击破。"①毛泽东根据列宁的上述思想,在《论反对日本帝国主义的策略》等一系列文章和讲话中,结合中国的实际情况,阐述了要团结多数阶级、阶层以实现我们的革命目的的内容,并根据不同时期的历史任务,对中间阶级采取不同的策略争取与"利用",巧妙地处理了敌我友之间的关系,逐步形成了其两类不同性质矛盾的思想。抗日战争时期,1935年毛泽东在瓦窑堡会议上指出,要反对关门主义,要组织千千万万的民众,调动浩浩荡荡的革命军,联合一切可以联合的中间阶级,"把敌人营垒中间的一切争斗、缺口、矛盾,统统收集起来,作为反对当前主要敌人之用"②。各种纵横捭阖的手段既然敌人可以用,那么我们同样也可以用,"他们能够拉了我们队伍中的坏分子跑出去,我们当然也能够拉了他们队伍中的'坏分子'(对于我们是好分子)跑过来……一切中间势力,不附属于那一方面,就附属于这一方面,这是一定的道理"③。1942年5月,毛泽东在谈到文艺工作者的价值和态度问题时说,我们要站在无产阶级和人民大众的立场去进行文艺工作和文艺创作,以达到"团结人民、教育人民、打击敌人、消灭敌人"④的目的。毛泽东这里将社会上各阶级阶层的人明确划分成了人民和敌人两大

---

① 中共中央文献研究室编:《毛泽东年谱(1949—1976)》第5卷,中央文献出版社2013年版,第504页。
② 《毛泽东选集》第1卷,人民出版社1991年版,第148页。
③ 《毛泽东选集》第1卷,人民出版社1991年版,第158页。
④ 《毛泽东选集》第3卷,人民出版社1991年版,第848页。

《关于正确处理人民内部矛盾的问题》精学导读

类。进一步地,他又将这两大类人分为了三种类型即敌人、同盟者、人民群众与其先锋队。对于这三种类型的对象,革命的文艺工作者对其应有不同的态度,如对于人民的敌人,要"暴露他们的残暴和欺骗,并指出他们必然要失败的趋势,鼓励抗日军民同心同德,坚决地打倒他们"[1]。对于抗日民族统一战线中的各种不同的同盟者,革命文艺者的态度应该是对不同的同盟者采取不同的联合与批评,我们要赞扬他们做得好的地方,他们做得不好不积极的地方,我们就应该批评,如果他们走向人民的反面,我们则要旗帜鲜明地反对。对于人民群众、人民的政党、人民的军队,对于人民群众辛勤的劳动和伟大的斗争,我们当然应该大加赞扬和鼓励,而对于人民群众的缺点,如思想和生活上的落后与不足,"我们应该长期地耐心地教育他们,帮助他们摆脱背上的包袱,同自己的缺点错误作斗争,使他们能够大踏步地前进"[2]。通过这些论述可以看出,毛泽东虽然具体地将社会各阶级阶层的人们分成了三种类型,但从总体上看还是人民和敌人两大类,对待敌人的态度是暴露和反对,并指出其必败的趋势,对待人民群众的态度则是好的方面赞扬和鼓励,不足的方面批评和教育,用的是批评与自我批评的方法。至于统一战线中的同盟者这一类人,是既有可能属于人民群众一类也有可能属于敌人一类的,当他们积极抗战属于人民群众

---

[1]《毛泽东选集》第3卷,人民出版社1991年版,第849页。
[2]《毛泽东选集》第3卷,人民出版社1991年版,第849页。

第三章 关于社会主义社会矛盾的一系列重大理论问题

一类的时候，我们就用对待人民群众的方法对待，好的方面鼓励与赞扬，不足的方面则采用批评和自我批评的方法，对他们进行批评和教育；当他们反共反人民，转变为属于敌人一类的时候，则采用对待敌人的方法对待。因此，总体上毛泽东还是将社会各阶级各阶层的人们分成了立场鲜明的两类，并分别采用了不同的方式方法对待。1944年9月，在中共中央办公厅举办的招待八路军留守兵团全体模范学习代表及从敌后转战归来参加整训的各部队战斗英雄代表大会上，毛泽东还语重心长地号召大家要将与人民利益相适合的东西坚持下去，且要把与人民利益相矛盾的东西，努力改掉，并再次强调了对人民与敌人的区分和不同态度："对敌人要狠，要压倒它，要消灭它……对自己人，对人民、对同志、对官长、对部下要和，要团结。"[①] 解放战争时期，对于中间阶级的力量，毛泽东也是尽可能争取和联合的，"他从地主资产阶级中分出大地主大资产阶级……把民族资产阶级同大地主大资产阶级划分开来，这是毛主席对中国革命的理论政策非常重要的一个贡献"[②]。即使到解放战争后期敌我力量已经发生显著性改变的时候，毛泽东也是策略性地提出对于一部分中间阶级，要区别对待，以争取多数人支持和对我有利的条件。在《论人民民主专政》中，毛泽东通过对"人民"和"敌人"的明确界定，形成了其两类不同性质矛

---

① 《毛泽东文集》第3卷，人民出版社1996年版，第210页。
② 胡乔木：《胡乔木回忆毛泽东》，人民出版社1994年版，第4页。

《关于正确处理人民内部矛盾的问题》精学导读

盾理论的雏形:"人民是什么?在中国,在现阶段,是工人阶级,农民阶级,城市小资产阶级和民族资产阶级。"①在共产党的领导下,人民将组成自己的国家和政府,向敌人:"实行专政……只许他们规规矩矩,不许他们乱说乱动。如要乱说乱动,立即取缔,予以制裁。对于人民内部,则实行民主制度,人民有言论集会结社等项的自由权。"②对敌人和人民的两种鲜明的不同的态度与措施,就体现出了两类不同性质的群体和两类不同性质的矛盾的区分。中华人民共和国成立以后,毛泽东又明确地把受帝国主义压迫的国家里的资产阶级划分成了买办和民族两大不同类型。其中,作为帝国主义的走狗的买办资产阶级,是革命的对象,而民族资产阶级则是我们的"冤家",提出在整个反帝反封建的时期内,民族资产阶级都是我们必须团结和争取的对象,是属于人民阵线内的。即使在革命完成后,他们也是我们在一定时期一定范围内必须团结和争取的对象,"这样做,有利于对付帝国主义的侵略,有利于发展生产、稳定市场,有利于争取和改造资产阶级知识分子"③。随着国民经济的恢复与发展,以及社会条件的变化,1952年6月毛泽东在给中央统战部的一次批示中指出,地主阶级和官僚资产阶级被消灭后,再将民族资产阶级视为中间阶级已有不妥了,国内的主要矛盾已经变为了工人阶级与民族资产阶

---

① 《毛泽东选集》第4卷,人民出版社1991年版,第1475页。
② 《毛泽东选集》第4卷,人民出版社1991年版,第1475页。
③ 《毛泽东文集》第7卷,人民出版社1999年版,第135页。

第三章 关于社会主义社会矛盾的一系列重大理论问题

级的矛盾。①1956年12月,毛泽东在跟民建和中华全国工商业联合会(简称全国工商联)负责人谈话中又补充说,在现阶段,如何判断民族资产阶级的性质和地位呢?恐怕"不能说是反革命的阶级。……民族资产阶级遵守《共同纲领》,拥护宪法,接受公私合营,没有对抗了。……只有完全违法户才是对抗的"②。通过这些分析可以看出,正是中间阶级的存在,敌我之间即"敌人"与"人民"之间的界限变得不那么清晰,中间阶级是"友"还是"敌",是能成为"人民"的一部分,还是成为"敌人"的一部分,是随着各个历史时期的历史任务的变动而变动的,是由各个历史时期革命对象及中间阶级的革命态度决定的。毛泽东根据国内外情势的变化,1956—1957年正式提出了社会主义条件下的敌我矛盾和人民内部矛盾两类不同性质的矛盾问题。

毛泽东是以我国内部的少数人闹事为突破口来分析的。毛泽东谈到,少数人闹事,在社会主义社会,还算是个新问题,值得我们好好研究。有人闹事就说明存在矛盾,由此可以看出社会上仍有各种对立面,有对立的阶级、对立的意见等。一些领导干部怕群众闹事,群众闹了事要么就是捂着,要么就是简单处理,究其根本,就是在思想上不愿意承认矛盾的普遍性,不愿意承认矛盾在社会主义条件下也仍然存在,不承认对立统一规律是包括社会在内的任何事物发展的基本规律。在分析闹事的原因时,毛泽东

---

① 《毛泽东文集》第6卷,人民出版社1999年版,第231页。
② 《毛泽东文集》第7卷,人民出版社1999年版,第169页。

《关于正确处理人民内部矛盾的问题》精学导读

指出,我们工作中的官僚主义和主观主义态度,还有政策上的不对路等是引起群众闹事的一个重要因素。另外,也不能否认在目前确实还有一些反革命和坏分子,故意挑唆或制造矛盾,但是这些反革命和坏分子不多了。这样毛泽东就摆脱了简单的社会主义社会一有问题就归因于反革命分子和敌对势力破坏的僵化思路,而是视野更为开阔地审视和思考社会主义社会的问题。通过以少数人闹事为突破口,毛泽东敏锐地抓住了区分和处理社会主义社会两类不同性质矛盾的全局性问题,得出了对社会主义社会矛盾的一个基本判断与认识,那就是:"建设时期,剩下一部分阶级斗争,大量表现的是人民内部的矛盾。"①

毛泽东的这一思路,直接反映在两类不同性质矛盾的正式提出过程中。从1956年11月4日开始,毛泽东在主持召开中共中央政治局常委(扩大)会议上就表示,约半年前发表的《关于无产阶级专政的历史经验》一文,由于国内外条件的变化,有必要进一步深化,"好好总结一下社会主义究竟如何搞法。矛盾总是有的,如何处理这些矛盾,就成为我们需要认真研究的问题"②。社会主义社会到底存在着哪些性质的矛盾或者哪些具体矛盾呢?在随后11月8日与中共八届二中全会的部分省市委书记的谈话中,毛泽东先是肯定了社会主义社会在一定时

---

① 中共中央文献研究室编:《毛泽东年谱(1949—1976)》第3卷,中央文献出版社2013年版,第71页。
② 中共中央文献研究室编:《毛泽东年谱(1949—1976)》第3卷,中央文献出版社2013年版,第23页。

第三章 关于社会主义社会矛盾的一系列重大理论问题

间、一定范围内还是存在阶级斗争的，特别是思想上的阶级斗争情况，"现在……阶级斗争基本上过去了，还有一部分没有过去，那就是资产阶级思想、小资产阶级思想还存在，这是一个长期的斗争"[1]。11月13日，在听取中共八届二中全会各组组长汇报讨论中，毛泽东再次谈到社会主义社会的敌我阶级斗争问题，"国内阶级矛盾已经基本解决，但是应该注意仍然存在的一部分反革命分子的活动"[2]。此外，还有对于知识分子的落后思想和旧习惯的改造，也要进行长期的教育。"要知道，在人民方面来说，历史上一切大的民主运动，都是用来反对阶级敌人的。"[3]而"人民内部的问题和党内问题的解决的方法，不是采用大民主而是采用小民主"[4]。11月15日，在中共八届二中全会上，毛泽东又明确说："以后凡是人民内部的事情，党内的事情，都要用整风的方法，用该批评和自我批评的方法来解决，而不是用武力来解决。我们主张和风细雨，真正达到治病救人的目的。"[5] 11月30日，在谈到苏联社会主义问题时，

---

[1] 中共中央文献研究室编：《毛泽东年谱（1949—1976）》第3卷，中央文献出版社2013年版，第25页。
[2] 中共中央文献研究室编：《毛泽东年谱（1949—1976）》第3卷，中央文献出版社2013年版，第32页。
[3] 中共中央文献研究室编：《毛泽东年谱（1949—1976）》第3卷，中央文献出版社2013年版，第32页。
[4] 中共中央文献研究室编：《毛泽东年谱（1949—1976）》第3卷，中央文献出版社2013年版，第32页。
[5] 中共中央文献研究室编：《毛泽东年谱（1949—1976）》第3卷，中央文献出版社2013年版，第34页。

《关于正确处理人民内部矛盾的问题》精学导读

毛泽东还分析说，我们要用和平协商的办法来解决自己内部的一切问题，"我们应当区分敌人和自己同志，不能用对待敌人的办法来对待自己的同志。民主和专政都是……手段，而不是目的，是为基础服务的，是基础的工具"①。通过毛泽东11月这段时间的多次表述和集中思考可以发现，其关于社会主义社会存在着两类不同性质的矛盾并要用不同方法处理的思想已经很明显了。及至12月中央讨论《再论无产阶级专政的历史经验》时，毛泽东对于社会主义社会两类矛盾的表述已经很明确了。

中央于1956年12月初举行了讨论《再论无产阶级专政的历史经验》写作会，毛泽东在会上明确提出文章的要点之一就是："先要分清敌我，然后在自己内部分清是非。要指出敌我矛盾和人民内部矛盾是两种性质根本不同的矛盾，要采取不同的方针、不同的办法，解决不同性质的矛盾。"②同月初，他给黄炎培的信中也谈到，社会主义社会和共产主义社会的矛盾性质与阶级社会是不同的，不同性质的矛盾要用不同的方法揭露和解决，对敌我之间和人民内部要分别采用镇压与说服的不同方法。"我们国家内部的阶级矛盾已经基本上解决了（即是说还没完全解决，表现在意识形态方面的，还将在一个长时期内存在。另外，还有少数特务分子也将在一个长时间内存

---

① 中共中央文献研究室编：《毛泽东年谱（1949—1976）》第3卷，中央文献出版社2013年版，第39页。
② 中共中央文献研究室编：《毛泽东年谱（1949—1976）》第3卷，中央文献出版社2013年版，第40—41页。

第三章 关于社会主义社会矛盾的一系列重大理论问题

在)……人民内部的问题仍将层出不穷。"①毛泽东在"基本上"三个字下特意加了点,表示阶级矛盾已经大体上解决了,但在小范围内和一定时间内仍然存在,"层出不穷"的人民内部的矛盾在现阶段已经是占主导地位的矛盾。这一认识直接在《再论无产阶级专政的历史经验》的正式文稿中体现出来了。这篇文章明确了社会主义条件下存在着两种性质上完全不同的矛盾,其中一类是敌我之间带有根本对抗性的,包括"帝国主义阵营同社会主义阵营之间,帝国主义同全世界人民和被压迫民族之间,帝国主义国家的资产阶级同无产阶级之间,等等"②,必须时刻保持警惕,要清醒地认识到敌人还是时刻想消灭我们的。另一类就是不具有根本性的人民内部之间的矛盾:"这一部分人民和那一部分人民之间,共产党内这一部分同志和那一部分同志之间,社会主义国家的政府和人民之间,社会主义国家相互之间,共产党和共产党之间,等等。"③应该以批评的手段,本着团结的目的,解决好人民内部的矛盾,如果解决不好,或者不够重视,不具有根本对抗性的矛盾就有可能转变为具有根本对抗性的矛盾。1957年1月底,毛泽东在省区市党委书记会议上郑重地讲了七点意见,并提出了"怎样处理两类不

---

① 中共中央文献研究室编:《建国以来毛泽东文稿》第6册,中央文献出版社1992年版,第255页。

② 中共中央文献研究室编:《建国以来重要文献选编》第9册,中央文献出版社1994年版,第562页。

③ 中共中央文献研究室编:《建国以来重要文献选编》第9册,中央文献出版社1994年版,第563页。

《关于正确处理人民内部矛盾的问题》精学导读

同性质的矛盾"这一新课题。随后,这次讲话中的六点意见也成了一个月后发表的《如何处理人民内部的矛盾》讲话(1957年6月19日正式发表时改为现在所熟知的名称)的重要内容。

在《关于正确处理人民内部矛盾的问题》中,毛泽东全面阐释了其关于社会主义社会两类不同性质矛盾的思想,其主要内容包括以下几个方面。其一,在社会主义社会中,当前主要存在着两类矛盾,即敌我矛盾和人民内部矛盾。其二,这是两类性质截然不同的矛盾,其基本的区分标准是根本利益是否一致。敌我之间的矛盾是具有根本对抗性的,在根本利益上不一致,而人民内部之间的利益在根本上是一致的,所以人民内部矛盾不具有根本对抗性。但需要注意的是,"人民内部的矛盾,在劳动人民之间说来,是非对抗性的;在被剥削阶级和剥削阶级之间说来,除了对抗性的一面以外,还有非对抗性的一面"①。其三,在我国现有条件下,人民内部的矛盾包括:工人阶级内部的矛盾,农民阶级内部的矛盾,知识分子内部的矛盾,工农两个阶级之间的矛盾,工人、农民同知识分子之间的矛盾,工人阶级和其他劳动人民同民族资产阶级之间的矛盾,民族资产阶级内部的矛盾等。政府与人民之间的矛盾如国家、集体与个人利益之间的矛盾,民主同集中的矛盾,领导同被领导之间的矛盾,国家机关官僚主义作风同群众之间的矛盾等都属于人民内部的矛盾。至于敌

---

① 《毛泽东文集》第7卷,人民出版社1999年版,第205页。

第三章 关于社会主义社会矛盾的一系列重大理论问题

我矛盾,反革命和坏分子在一定阶段内还有,但是不多了,社会主义条件下的阶级斗争只是在小范围内、在一定时间一定条件下存在,大规模的阶级斗争已经结束了,目前主要的是人民内部的矛盾。其四,由于性质不同,两类矛盾的解决方法也各异。具有根本性的矛盾要分清敌我,以专政的手段来解决,而非根本性的矛盾则要分清是非,主要采取民主的方法即说服教育、讨论和批评的办法解决。我国是工人阶级领导的以工农联盟为基础的人民民主专政国家,这个专政"第一个作用,就是压迫国家内部的反动阶级、反动派和反抗社会主义革命的剥削者,压迫那些对于社会主义建设的破坏者,就是为了解决国内敌我之间的矛盾"[1]。例如,逮捕反革命分子并将他们判罪,对于盗窃、诈骗、杀人放火、流氓集团和各种严重破坏社会秩序的坏分子进行处罚等。专政的第二个作用,"就是防御国家外部敌人的颠覆活动和可能的侵略。在这种情况出现的时候,专政就担负着对外解决敌我之间的矛盾的任务"[2]。毛泽东特别指出,对于人民中的犯法分子也要受到法律的制裁,但是这和压迫敌人的专政是有原则区别的。专政的制度不适用于人民内部,"人民自己不能向自己专政,不能由一部分人民去压迫另一部分人民"[3]。其五,两类不同性质的矛盾容易混淆、分辨不清,特别是容易把人民内部矛盾误认为敌我矛

---

[1]《毛泽东文集》第7卷,人民出版社1999年版,第207页。
[2]《毛泽东文集》第7卷,人民出版社1999年版,第207页。
[3]《毛泽东文集》第7卷,人民出版社1999年版,第207页。

《关于正确处理人民内部矛盾的问题》精学导读

盾。如果工作中犯了错误,要及时纠正,有错就改,不应掩盖。

3. 两类不同性质的矛盾在一定条件下可以互相转化

毛泽东在《关于正确处理人民内部矛盾的问题》中指出:"矛盾着的对立的双方互相斗争的结果,无不在一定条件下相互转化。在这里,条件是重要的。没有一定的条件,斗争着的双方都不会转化。"①敌我矛盾和人民内部矛盾是具体的、历史的,且不是一成不变的,二者在一定条件下将会互相转化。

毛泽东在《矛盾论》中论述矛盾的同一性和斗争性时,就已经谈到了矛盾的转化问题。毛泽东指出,矛盾的双方不能孤立地存在,一切矛盾的双方都是这样,因为一定的条件,一方面相互对立,一方面又相互联结、相互渗透、相互依赖。一切矛盾着的方面都因为一定条件下具有不同一性,所以称之为矛盾;同时,一切矛盾着的方面都具有同一性,所以相互联结。但是,更进一步的,事物不是矛盾双方相互依存就完了,"更重要的,还在于矛盾着的事物的互相转化。这就是说,事物内部矛盾着的两方面,因为一定的条件而各向着和自己相反的方面转化了去,向着它的对立方面所处的地位转化了去"②。毛泽东指出,矛盾的东西能够统一起来,又能够相互转化,都是说在一定条件下,"无此一定条件,就不能成为矛盾,不能共居,也不能

---

① 《毛泽东文集》第7卷,人民出版社1999年版,第239页。
② 《毛泽东选集》第1卷,人民出版社1991年版,第328页。

第三章 关于社会主义社会矛盾的一系列重大理论问题

转化"①。矛盾的主要方面和次要方面会根据一定的条件发生转化,主要矛盾和次要矛盾也会根据一定的条件发生转化。同样的,"有些矛盾是由原来还非对抗性的,而发展成为对抗性的;也有些矛盾则由原来是对抗性的,而发展成为非对抗性的"②。毛泽东还以党内的正误思想之间的矛盾举例说,这实际上反映了社会的阶级矛盾,它一开始并不会表现为对抗性的矛盾,但随着阶级斗争的发展,如果处理不好,或者处理的方式不对,这种党内矛盾就有可能发展为对抗性的。毛泽东还特别指出了处理党内正确思想与错误思想矛盾的方法,即一方面要对于错误思想进行严肃的斗争,但是不宜有过火的斗争,另一方面又必须给犯错误的同志留有自己觉悟的机会。倘若犯错误的人坚持错误并扩大下去,那么这种矛盾就有可能发展成为对抗。再比如经济上城市和乡村的矛盾,在资本主义社会里,由于压迫剥削的严重性,那是极其对抗性的矛盾,但在社会主义国家里,这种对抗性矛盾会因为压迫剥削的大大减弱,以及社会主义生产关系和制度的完善等而逐步地转变为非对抗性的矛盾。迈入更高阶段的共产主义社会后,当剥削和压迫被消灭的时候,这种矛盾也会消失。③毛泽东这些关于矛盾转化的观点,虽然只是从一般意义上论述的,但对毛泽东后来正式提出社会主义社会条件下的两类不同性质的矛盾思想可以说是一

---

① 《毛泽东选集》第1卷,人民出版社1991年版,第333页。
② 《毛泽东选集》第1卷,人民出版社1991年版,第335页。
③ 《毛泽东选集》第1卷,人民出版社1991年版,第335—336页。

《关于正确处理人民内部矛盾的问题》精学导读

种理论准备和铺垫。

在《再论无产阶级专政的历史经验》一文中，毛泽东对两类不同性质的矛盾做了具体的分析。毛泽东指出，敌我之间的矛盾的基础是敌对阶级之间的利害冲突，这是根本性的矛盾，而人民内部之间的矛盾则是非根本性的矛盾，它不是由阶级利害冲突造成的，而是正确意见和错误意见的矛盾，或者局部性质的利害矛盾造成的。毛泽东强调，人民内部矛盾的解决必须首先服从于对敌斗争的总利益。当然，毛泽东也承认，实际生活的情况是相当复杂的，敌我矛盾和人民内部矛盾也不是那么泾渭分明、铁板一块的，"有时为了对付主要的共同的敌人，利害根本冲突的阶级也可以联合起来。反之，在特定情况下，人民内部的某种矛盾，由于矛盾的一方逐步转到敌人方面，也可以逐步转化成为对抗性的矛盾。到了最后，这种矛盾也就完全变质，不再属于人民内部矛盾的范围，而成为敌我矛盾的一部分了"①。这种现象，在苏联共产党和中国共产党的历史上都曾出现过。

在此基础上，毛泽东在《关于正确处理人民内部矛盾的问题》中着重强调："我们必须学会全面地看问题，不但要看到事物的正面，也要看到它的反面。"②在一定条件下，坏的东西可以引出好的结果，好的东西也可以引出坏的结果。也就是说，在一定条件下，坏事可以变成好事，好事也可以变成坏事。

---

① 中共中央文献研究室编：《建国以来重要文献选编》第9册，中央文献出版社1994年版，第563页。
②《毛泽东文集》第7卷，人民出版社1999年版，第238页。

第三章　关于社会主义社会矛盾的一系列重大理论问题

"坏事有两种性质：一种性质就叫坏，我们说还要加一个意义，它又是好事，这就是所谓'失败是成功之母'。"[①]比如，匈牙利事件本来是一件坏事，但是由于匈牙利的同志们在事件过程中处理得当，结果由坏事变为了好事。1956年下半年发生的反共反人民的世界性风潮，本来是坏事，但是它在另一方面又教育和锻炼了各国的共产党和工人阶级，这就是好的一面。再比如，群众闹事本来是坏事，我们并不希望这样的事情发生，但是这种事情发生以后，又可以促使我们改正工作中的一些不当之处，克服官僚主义，教育干部和群众，这又是好事。我们应该用这种全面性的观点去看待一切事物。

坏事可以变成好事，好事也可以变成坏事，敌我矛盾和人民内部矛盾可以相互转化，其关键点都在于"一定的条件"。矛盾双方的转化是有条件的、相对的。毛泽东在文章中举了许多例子来强调这一问题。比如，人民内部矛盾本来不是对抗性的，但是如果我们处理的方针政策不适当，或者在工作中造成了严重失误而长期得不到纠正，或者失去了警觉，麻痹大意，就形成了转化的"一定的条件"，非对抗性的人民内部矛盾就可能转变成对抗性的人民内部矛盾。又比如，在我国现阶段，工人阶级同民族资产阶级的矛盾属于人民内部的矛盾。工人阶级和民族资产阶级的阶级斗争也属于人民内

---

① 中共中央文献研究室编：《毛泽东年谱（1949—1976）》第3卷，中央文献出版社2013年版，第33页。

部的阶级斗争,因为在社会主义革命时期,民族资产阶级既有剥削工人阶级的一面,又有拥护宪法、愿意接受改造的一面,他们与帝国主义、地主阶级、官僚资产阶级不同。民族资产阶级和工人阶级之间的剥削和被剥削的矛盾,本来是对抗性的,但是如果我们处理得当,采取团结、批评、教育的政策,就可以转变为非对抗性的矛盾,和平地解决这个矛盾。如果我们方法不得当,或者民族资产阶级不接受我们的政策,那么民族资产阶级和工人阶级之间的矛盾就有可能转变为敌我矛盾。①总之,在一定的条件下,坏的可以变成好的,好的也有可能变成坏的。人民内部矛盾如果不够重视,处理不好,就有可能转化为具有根本性的敌我对抗性矛盾,反过来,具有根本性的敌我对抗性矛盾经过妥善协调和处理,也是有可能向非根本性矛盾转化的。因此,要全面地看待对抗和非对抗的两类不同性质的矛盾,创造条件,以正确的方法促进对抗性矛盾转化为非对抗性矛盾。

三、国家政治生活的主题

1. 内在依据

在《关于正确处理人民内部矛盾的问题》一文中,毛泽东

---

① 《毛泽东文集》第7卷,人民出版社1999年版,第206页。

第三章 关于社会主义社会矛盾的一系列重大理论问题

着重表达并贯穿的一个重大问题是:在革命时期大规模的急风暴雨式的群众阶级斗争基本结束的情况下,"在这个时候,我们提出划分敌我和人民内部两类矛盾的界限,提出正确处理人民内部矛盾的问题,以便团结全国各族人民进行一场新的战争——向自然界开战,发展我们的经济,发展我们的文化……巩固我们的新制度,建设我们的新国家,就是十分必要的了"①。社会主义建设时期,正确处理人民内部矛盾,这是一个"总题目"。毛泽东之所以如此郑重地强调这一问题,并将其作为国家政治生活的主题,是有其基本依据的。

第一,实践主题的转变。中华人民共和国的成立,结束了一百多年来被侵略被奴役的屈辱历史,真正成了独立自主的国家,中国人民从此站起来了,成为国家的主人。中华人民共和国一扫过去长期分裂和混乱的局面,以崭新的面貌屹立于世界民族之林。但是,正如毛泽东在中共七届二中全会上所指出的,这只是万里长征走完了第一步,以后的路程更长,工作更艰苦更伟大。依据中共七届二中全会确定的新中国的大政方针,我们要团结好工农两大阶级和革命知识分子,这些是无产阶级领导的,以工农联盟为基础的人民民主专政国家的领导力量和基础力量,同时要尽可能地团结城市小资产阶级和民族资产阶级及其知识分子与政治派别,以便巩固无产阶级政权,"迅速地恢复和发展生产,对付国外的帝国主义,使中国稳步地由农业

---

① 《毛泽东文集》第 7 卷,人民出版社 1999 年版,第 216 页。

国转变为工业国,把中国建设成一个伟大的社会主义国家"①。在经济上,中国共产党在城市中采取了"节制资本"的方针,没收了控制着占中国经济百分之十左右的现代性工业经济的官僚资本归国家所有,把国家的经济命脉掌控在人民手里。与此同时,从促进国民经济发展和满足人们生活所需的角度考虑,对于一些私人资本主义则允许它们在国家经济政策和经济计划范围内存在与发展。1950年4月,毛泽东提出:"今天的斗争对象主要是帝国主义、封建主义及其走狗国民党反动派残余,而不是民族资产阶级。对于民族资产阶级是有斗争的,但必须团结它,是采用既团结又斗争的政策,以达团结它共同发展国民经济之目的。"②所以,对于有利于国计民生的工商业,应该实施扶助政策而不是限制政策,那些投机和奢侈品、迷信品等于国民生计不利的工商业才应该加以限制和排除。在对外政策方面,取消了一切帝国主义在中国的不平等制度和剥削机构,提出按照平等原则同一切国家建立外交关系,同时与愿意跟中国进行贸易的社会主义国家和资本主义国家做生意。农村中则进行了土地改革,实现了广大农民耕者有其田的愿望。经过消灭反动派残余势力、解决土地问题、合理调整工商业、安定社会秩序等一系列政策措施,新中国的政权得到巩固,经济、文化等各方面迅速恢复和发展。在此基础上,毛泽东在1952年9

---

① 《毛泽东选集》第4卷,人民出版社1991年版,第1437页。
② 《毛泽东文集》第6卷,人民出版社1999年版,第49页。

第三章 关于社会主义社会矛盾的一系列重大理论问题

月讨论国家"一五"计划时提出"我们现在就要开始用十年到十五年的时间基本上完成到社会主义的过渡"①的问题。此后,毛泽东、周恩来、刘少奇等人都多次谈到过渡到社会主义的问题。1953年6月15日,毛泽东在中共中央政治局(扩大)会议上完整表述了总路线:"从中华人民共和国成立,到社会主义改造基本完成,这是一个过渡时期。党在过渡时期的总路线和总任务,是要在十年到十五年或者更多一些时间内,基本上完成国家工业化和对农业、手工业、资本主义工商业的社会主义改造。"②通过上述表述可以看出,过渡时期的总任务涉及两大部分:一部分是实现工作化,工业在国民经济中要占很大比重;另一部分是社会主义的三大改造。也就是说,在毛泽东看来,今后约十到十五年内的实践主题或者说"全国人民的总任务"③,就是进行社会主义的三大改造并实现国家的工业化,解决好姓社还是姓资的矛盾问题。这一实践主题,是国内外形势发展所要求和适应的,如农业现在还是以个体经济为主,不去进行社会主义改造,"不去发展,就会走资本主义道路,这是右倾。搞猛了也不行,那是'左'倾。要有准备有步骤地进行"④。到1956年底,社会主义改造基本完成,在整体上

---

① 中共中央文献研究室编:《毛泽东年谱(1949—1976)》第1卷,中央文献出版社2013年版,第603页。

② 中共中央文献研究室编:《毛泽东年谱(1949—1976)》第2卷,中央文献出版社2013年版,第116页。

③《毛泽东文集》第6卷,人民出版社1999年版,第280页。

④《毛泽东文集》第6卷,人民出版社1999年版,第280页。

《关于正确处理人民内部矛盾的问题》精学导读

较为顺利地实现了所有制的改造和过渡,在国民经济体系中,社会主义公有制经济也由此占据了主导性的地位,工人阶级与资产阶级之间的矛盾得到根本解决,我国基本建立起了社会主义的各项制度,轰轰烈烈的全面建设社会主义的大幕也正式拉开了。

大规模的阶级斗争的基本结束,资本主义与社会主义之间矛盾的解决,实践主题的改变,标志着国家政治生活的主题也将随之发生变化。正如毛泽东在《关于正确处理人民内部矛盾的问题》中指出的:"我们的国家现在是空前统一的。资产阶级民主革命和社会主义革命的胜利,以及社会主义建设的成就,迅速地改变了旧中国的面貌。祖国的更加美好的将来,正摆在我们的面前。人民所厌恶的国家分裂和混乱的局面,已经一却不复返了。"[①]在中国共产党的领导下,团结一致地进行伟大的社会主义建设已经成为我们新的实践主题。[②]而国家的统一,经济的恢复,国内各民族人民的团结,又是我们建设社会主义的基础和有力保障。在这样的情况下,社会主义建设过程中的矛盾问题就日益凸显出来了。那些以为社会主义社会没有矛盾的想法,是"不符合客观实际的天真的想法"[③]。在我们大规模地进行社会主义建设的过程中,在目前,主要存在着敌我矛盾和人民内部矛盾两类不同性质的矛盾,而处理好这两类矛盾,特别是人民内部的矛盾,以继续团结全国各族人民进

[①]《毛泽东文集》第7卷,人民出版社1999年版,第204页。
[②]《毛泽东文集》第7卷,人民出版社1999年版,第204页。
[③]《毛泽东文集》第7卷,人民出版社1999年版,第204页。

第三章 关于社会主义社会矛盾的一系列重大理论问题

行社会主义建设并巩固社会主义建设的各项成果,就成为当前的重要主题。

第二,社会主义基本矛盾的内在要求。毛泽东在《关于正确处理人民内部矛盾的问题》中,在马克思主义发展史上第一次明确提出了"社会基本矛盾"的哲学范畴。"在社会主义社会中,基本的矛盾仍然是生产关系和生产力之间的矛盾,上层建筑和经济基础之间的矛盾。"[①]只是这一基本矛盾与旧时代的基本矛盾具有根本不同的性质和情况。我们推翻压在中国人民头上的帝国主义、封建主义和官僚资本主义,推翻旧的社会制度,建立新的社会制度,从根本上说,是为了解放生产力,使生产力获得更充分的发展。同样的,中华人民共和国成立后,我国在过渡时期对农业、手工业和资本主义工商业进行社会主义改造,变革生产关系的私人所有制为社会主义的公有制,从根本上说,也是为了破除旧的生产关系对生产力的束缚,解放生产力,促进我国生产力的发展。因为社会主义的生产关系比起旧时代的生产关系更能适合生产力的发展,能够容许生产力以旧时代所没有的速度迅速发展,从而不断扩大生产,进而满足人民群众不断增长的各方面需要。但是,随着资产阶级民主革命和社会主义革命的胜利,生产力发展的障碍已经基本上扫除了。"从一九五六年以来,情况就根本改变了……我们的根本任务已经由解放生产力变为

[①]《毛泽东文集》第 7 卷,人民出版社 1999 年版,第 214 页。

《关于正确处理人民内部矛盾的问题》精学导读

在新的生产关系下面保护和发展生产力。"①生产力发展的障碍已经基本扫除,并不代表生产力和生产关系之间的矛盾、经济基础和上层建筑之间的矛盾就不存在了,并不代表生产力发展就没有障碍了,也并不代表社会主义的上层建筑就完全适合经济基础的发展了。社会主义基本矛盾仍然存在。既然我们要在新的生产关系下保护和发展生产力,那我们就有必要把不利于保护和发展生产力的一些矛盾障碍排除。也就是说,我们已经建立的社会主义生产关系总体上是和生产力发展相适应的,但"在基本制度适合需要的情况下,在生产关系和生产力之间,在上层建筑和经济基础之间,也仍然存在着一定的、处在'数量变化'阶段的矛盾,需要及时地加以调整。而且,有了正确的制度,还需要正确地运用这种制度,还需要有正确的政策、正确的工作方法和工作作风。所有这一切,都会在人民内部表现为各种形式的矛盾,特别是领导者同群众之间的矛盾。既然我们还缺乏经验,显然就不能不在这些方面遇着更多的问题,更复杂的任务"②。例如,上层建筑中资产阶级意识形态的存在、国际机构中某些官僚主义作风的存在、国家制度中某些环节上缺陷的存在等,都容易和经济基础产生矛盾。这些矛盾和障碍,都是非根本性的矛盾

---

① 《毛泽东文集》第 7 卷,人民出版社 1999 年版,第 218 页。
② 《为什么要整风?》,《人民日报社论全集》编写组编:《人民日报社论全集(全面建设社会主义时期 1956 年 09 月—1966 年 05 月)》,人民日报出版社 2013 年版,第 502 页。

第三章 关于社会主义社会矛盾的一系列重大理论问题

和障碍,不具有对抗性。即使暂时地解决了这些矛盾和障碍,随着社会主义的发展,新的矛盾和障碍又会出现,又需要人们去不断解决。因此,正确处理不断出现的人民内部矛盾,把正确处理人民内部矛盾作为党和国家政治生活的主题,实际上就是社会主义基本矛盾的内在要求。

第三,社会主要矛盾和主要任务决定。马克思、恩格斯在分析资本主义社会的矛盾时曾指出,原始社会之后,"至今一切社会的历史都是阶级斗争的历史"①。也就是说,"剥削阶级和被剥削阶级之间、统治阶级和被压迫阶级之间斗争的历史"②。只要以物质利益为基础的阶级矛盾还存在,阶级斗争就也会随之长期存在。而在阶级社会中,社会的基本矛盾也必然会通过不同阶级之间的阶级斗争来具体呈现,这种情况在剥削阶级和被剥削阶级之间表现得尤为明显。无产阶级和资产阶级之间的阶级矛盾在资本主义社会中:"已经达到这样一个阶段,即被剥削被压迫的阶级(无产阶级),如果不同时使整个社会一劳永逸地摆脱一切剥削、压迫一级阶级差别和阶级斗争,就不能使自己从进行剥削和统治的那个阶级(资产阶级)的奴役下解放出来。"③中华人民共和国成立后,特别是社会主义改造完成之后,正如毛泽东所判断的:"革命时期的大规模

---

① 《马克思恩格斯选集》第 1 卷,人民出版社 1995 年版,第 272 页。
② 《马克思恩格斯选集》第 1 卷,人民出版社 1995 年版,第 257 页。
③ 《马克思恩格斯选集》第 1 卷,人民出版社 1995 年版,第 257 页。

《关于正确处理人民内部矛盾的问题》精学导读

的急风暴雨式的群众阶级斗争基本结束。"①这一判断是符合我国社会主义建设时期的国内形势的,也是切合当时中国社会主要矛盾的。1956年9月,中国共产党在第八次全国代表大会上郑重指出,社会主义改造完成之后,我国无产阶级与资产阶级之间的矛盾已经基本解决,几千年来的阶级剥削制度的历史已经基本上结束了,"我们国内的主要矛盾,已经是人民对于建立先进的工业国的要求同落后的农业国的现实之间的矛盾,已经是人民对于经济文化迅速发展的需要同当前经济文化不能满足人民需要的状况之间的矛盾"②。这个矛盾的实质,就是在我国社会主义制度已经建立的情况下,也就是先进的社会主义制度同落后的社会生产力之间的矛盾。所以,党和国家当前的主要任务,就是带领全国各族人民,集中力量来解决这个矛盾,把我国尽快地从落后的农业国变为先进的工业国。中共八大的这一判断和精神,直接体现在了《关于正确处理人民内部矛盾的问题》一文中。毛泽东在这篇文章郑重提出,我们把正确处理人民内部矛盾的问题作为国家政治生活的主题,其目的就是要"团结全国各族人民进行一场新的战争——向自然界开战,发展我们的经济,发展我们的文化……巩固我们的新制度,建设我们的新国家"③。他在最高国务会议第十一次(扩大)

---

① 《毛泽东文集》第7卷,人民出版社1999年版,第216页。
② 中共中央文献研究室编:《建国以来重要文献选编》第9册,中央文献出版社1994年版,第341页。
③ 《毛泽东文集》第7卷,人民出版社1999年版,第216页。

第三章　关于社会主义社会矛盾的一系列重大理论问题

会议后于1957年3月召开的全国宣传工作会议上再次表明,共产党能领导阶级斗争,也能领导向自然界作斗争。如果一个共产党只懂社会斗争,要率领整个社会向自然界作斗争就不行了,那这样的共产党就应该灭亡。共产党过去忙于阶级斗争,一直到现在,阶级斗争基本上完结了,要转到向自然界斗争上来了。不会怎么办,可以学,过去阶级斗争也是花了几十年功夫才掌握了一套符合马克思主义原则和中国实际的战略、策略。"中国共产党是领导阶级斗争胜利了的党,现在的任务是要向自然界作斗争,就是要搞建设,搞建设就需要科学,要学会这个东西。"①毛泽东反复强调,阶级斗争已经基本结束,我们要转到率领整个社会向自然界开战,发展我们的经济文化,使中国尽快地由农业国变为工业国这个任务上来,而为了能够团结全国各族人民来进行这一伟大任务,就必须正确处理好人民内部的矛盾,必须将其作为政治生活的主题。在1957年5月2日《人民日报》的社论中,毛泽东的这个意思被进一步表述为:"党是面对着一种无论从党的历史上说来或是从我们国家的历史上说来都是完全新的形势和任务。敌对阶级间的矛盾既不复成为国内的主要矛盾,党在国内问题上的主要任务,就成为团结全体人民来发展生产,也可以说,来同自然界作斗争。但这并不是说,在新形势下的国内主要矛盾,已经变为人同自然界的矛盾。人类同自然界的斗争从来是而且永远是通过社会来进

---

① 逄先知、金冲及主编:《毛泽东传(1949—1976)》上,中央文献出版社2003年版,第639页。

《关于正确处理人民内部矛盾的问题》精学导读

行的,通过一定的生产关系来进行的。因此,人民对于建立先进的工业国的要求同落后的农业国的现实之间的矛盾,人民对于经济文化迅速发展的需要同当前经济文化不能满足人民需要的状况之间的矛盾,在现实的社会生活中,必然仍然表现为人同人之间的矛盾,只是这种矛盾由敌对阶级间的矛盾变成了人民内部的矛盾罢了。所谓团结全体人民,所谓调动一切积极力量,将消极力量转化为积极力量,无非就是要正确地处理人民内部的矛盾。"① 周恩来谈到正确处理人民内部矛盾成为党和国家政治生活的主题时曾说,为什么毛主席在最高国务会议第十一次(扩大)会议上提出正确处理人民内部矛盾问题,就是因为我们革命阶段已经基本上过去了,"现在面临着社会主义建设的阶段。这个阶段,由于革命阶段过去了,大规模群众性的阶级斗争结束了,因此人民内部的矛盾就露出来了,这些问题就多起来,就需要我们处理"②。在社会主义建设阶段有许多新问题,"最主要的是人民内部矛盾问题"③。

可见,毛泽东把正确处理人民内部矛盾作为党和国家政治生活的主题,是有其社会历史根源和内在依据的。虽然其后由

---

① 《为什么要整风?》,《人民日报社论全集》编写组编:《人民日报社论全集(全面建设社会主义时期 1956 年 09 月—1966 年 05 月)》,人民日报出版社 2013 年版,第 500 页。

② 薄一波:《若干重大决策与事件的回顾》下卷,中央党校出版社 1993 年版,第 568 页。

③ 薄一波:《若干重大决策与事件的回顾》下卷,中央党校出版社 1993 年版,第 568 页。

第三章 关于社会主义社会矛盾的一系列重大理论问题

于种种原因,党和国家政治生活的主题发生了曲折变化,但党中央及时拨乱反正,重新对国家政治生活的主题做了合乎实际的判断,重新确立了这一主题。叶剑英在1979年的一次讲话中明确提出:"《关于正确处理人民内部矛盾的问题》……说明了正确处理人民内部矛盾,以便团结全国人民发展经济和文化已经成为国家政治生活的主题。"[1]在党的十三大报告中,这一认识被进一步明确,报告指出:"我们在现阶段所面临的主要矛盾,是人民日益增长的物质文化需要同落后的社会生产之间的矛盾。阶级斗争在一定范围内还会长期存在,但已经不是主要矛盾。"[2]解决这一矛盾,就需要改革生产关系和上层建筑中与生产力不相适应的部分,大力发展商品经济,不断提高我们的劳动生产率,逐步实现四个现代化。而"在初级阶段,不安定因素甚多,维护安定团结尤为重要。必须正确处理人民内部矛盾"[3]。

2. "总题目"与"小题目"

毛泽东在《关于正确处理人民内部矛盾的问题》中开篇就指出:"关于正确处理人民内部矛盾的问题,这是一个总题目。

---

[1] 中共中央文献研究室编:《三中全会以来重要文献选编》上册,人民出版社2011年版,第189页。

[2] 人民出版社编:《中国共产党第十三次全国代表大会文件汇编》,人民出版社1987年版,第12页。

[3] 人民出版社编:《中国共产党第十三次全国代表大会文件汇编》,人民出版社1987年版,第14页。

《关于正确处理人民内部矛盾的问题》精学导读

为了叙述的方便,分为十二个小题目。在这里,也要说到敌我矛盾的问题,但是重点是讨论人民内部矛盾的问题。"①毛泽东在这里直接点明正确处理人民内部矛盾是"总题目",并在论述中将其展开,讨论了一系列的"小题目",其就是为了开宗明义地强调正确处理人民内部矛盾在党和国家政治生活中的重要地位。

对于社会主义社会中的人民内部矛盾,当时大致有两种态度。一种是盲目的、不自觉的、绝对的态度,就是片面地强调社会主义社会内部的统一和一致,片面地强调领导的正确性和权威性,否认或者不重视人民内部的客观存在着的矛盾,否认或者不重视领导工作中的缺点和错误。另一种是自觉的、分析的、自我批评的态度,就是既承认社会主义社会中人民内部的统一和一致,又承认社会主义社会中人民内部的矛盾;既肯定领导工作的成就,肯定一定范围内集中的必要,又肯定领导工作中缺点和错误的存在,肯定在社会主义社会中扩大民主生活、扩大批评和自我批评的必要。第一种态度,是形而上学的态度,容易导致工作中的官僚主义、宗派主义和主观主义,甚至在特殊情况下发展成专制主义和贵族化倾向,把人民内部矛盾误判为敌我矛盾,用对待敌人的方法对待人民,从而导致不具有对抗性的人民内部矛盾发展成为对抗性的危险。第二种态度,是辩证法的态度,要求对人民内部矛盾经常保持清醒、客观、富有预见性的态度,让人民有不同意见敢于自由发表,能够自由

---

① 《毛泽东文集》第 7 卷,人民出版社 1999 年版,第 204 页。

第三章 关于社会主义社会矛盾的一系列重大理论问题

讨论，使人民内部矛盾容易得到及时的、正确的解决。①毛泽东就着重强调了辩证法的态度，并以辩证法的思维把正确处理人民内部矛盾作为社会主义建设中的一个"总题目"提了出来。

毛泽东指出："人民内部的矛盾不是现在才有的，但是在各个革命时期和社会主义建设时期有着不同的内容。"②人民内部矛盾在各个革命时期都存在，并且随着"人民"内涵和范围的变化而有变化，这在前文已有述及。在各个革命时期没有着重提出人民内部矛盾，并不是因为人民内部矛盾不存在，而是因为革命时期我们的主要任务是推翻压在中国人民头上的"三座大山"，因而在敌我矛盾和主要矛盾这一对矛盾中，居于主要地位的是敌我矛盾，人民内部矛盾是居于次要地位的，我们把主要精力都放在解决敌我矛盾和阶级矛盾，集中力量对付敌人上了，处理人民内部矛盾服从于对敌的阶级斗争，服从于革命时期社会主要矛盾的解决。而现在随着中华人民共和国的成立和社会主义基本社会制度的建立，大规模的急风暴雨式的对敌阶级斗争已经基本结束，敌我矛盾虽然还存在，但在敌我矛盾和人民内部矛盾这一对矛盾中的地位逐渐下降，成为居于次要地位的矛盾，并且只是在一定程度小范围内存在。相反地，原来服从于对敌斗争的属于次要和从属地位的人民内部矛盾，

---

① 《为什么要整风？》，《人民日报社论全集》编写组编：《人民日报社论全集（全面建设社会主义时期 1956 年 09 月—1966 年 05 月）》，人民日报出版社 2013 年版，第 502 页。

② 《毛泽东文集》第 7 卷，人民出版社 1999 年版，第 205 页。

《关于正确处理人民内部矛盾的问题》精学导读

开始在和平时期大量地涌现出来,影响社会主义建设,并逐渐上升取代原来的敌我矛盾的地位,成为我们必须着重解决的居于主要地位的矛盾,成为我们党和国家政治生活的主题。

毛泽东还以辩证法的态度分析了少数人闹事的问题。与笼统的将少数工人罢工、学生罢课、群众请愿等事件定性为敌我矛盾,视为反革命势力的破坏和阶级斗争的观点不同,在毛泽东看来,这些事件在根本上仍是在根本利益一致的基础上发生的,大部分都是非对抗性的矛盾,对抗性的矛盾只占很小的一部分。毛泽东以"肃反"工作为例批评说,有右倾思想的人不分敌我,广大群众认为是敌人的人,他们却认为是朋友。有"左"倾思想的人则把敌我矛盾扩大化,以至于把有些人民内部矛盾也看作敌我矛盾,把某些不是反革命的人也看作反革命。这两种做法都是错误的。我国在一定范围内还有反革命,但是不多了,"如果说现在全国还有很多反革命分子,这个意见也是错误的"[①]。如果接受这种估计,认为在全国范围内还有许多反革命分子,把本应属于人民内部的矛盾作为敌我矛盾来处理,采取对敌斗争的方法,那是极端错误的,"结果也会搞乱"[②]。在社会主义建设时期,人民内部矛盾已经日益突出,正确处理人民内部矛盾已经在党和国家的政治生活中跃居主要的地位。

---

① 《毛泽东文集》第 7 卷,人民出版社 1999 年版,第 219 页。
② 《毛泽东文集》第 7 卷,人民出版社 1999 年版,第 219 页。

第三章 关于社会主义社会矛盾的一系列重大理论问题

1957年5月2日的《人民日报》的社论《为什么要整风?》,将毛泽东的上述意思更为明确地表达出来。这篇社论指出,在社会主义改造基本完成之后,我国无产阶级同资产阶级之间的矛盾已经基本解决,我国的主要矛盾已经不再是敌对阶级之间的矛盾,而是人民对经济文化迅速发展的需要同当前经济文化不能满足人民需要的状况之间的矛盾。党在国内问题上的主要任务,就是正确处理好人民内部矛盾,团结全体人民发展生产。在整个的国内政治生活中,虽然在一定范围内还会有敌我矛盾,"但是由于敌我矛盾退居次要地位,人民内部矛盾就转到舞台的主要方面来了……人民内部矛盾已经在我国历史舞台上代替敌我矛盾而居于主要地位"①。当然,这并不是说人民内部矛盾在我国有什么尖锐化,而是说社会主义制度才刚刚建立,还有许多不完善的地方,党和政府在领导社会主义建设方面还缺乏经验,还免不了犯这样那样的错误,这些都会表现为各种形式的人民内部矛盾。这篇社论还指出了整风的目的,"就是要全党学会正确地处理人民内部矛盾,以便完满地完成发展社会主义建设、建成社会主义国家的伟大任务"②。

在正确处理人民内部矛盾这个"总题目"下,毛泽东在《关

---

① 《为什么要整风?》,《人民日报社论全集》编写组编:《人民日报社论全集(全面建设社会主义时期 1956年09月—1966年05月)》,人民日报出版社2013年版,第501—502页。

② 《为什么要整风?》,《人民日报社论全集》编写组编:《人民日报社论全集(全面建设社会主义时期 1956年09月—1966年05月)》,人民日报出版社2013年版,第500页。

《关于正确处理人民内部矛盾的问题》精学导读

于正确处理人民内部矛盾的问题》中还对不同领域的人民内部矛盾进行了一系列具体的分析,阐释了许多"小题目"。除了第一节"两类不同性质的矛盾"和第二节"肃反问题",毛泽东从第三节到第十二节都在阐述各种关于人民内部矛盾的"小题目"。归纳起来,大致包括三种类型的人民内部矛盾。

第一种是人民内部各阶级、阶层之间的矛盾(包括意识形态方面的),有工人阶级内部的矛盾,农民阶级内部的矛盾,知识分子内部的矛盾,工农两个阶级之间的矛盾,工人、农民同知识分子之间的矛盾,民族资产阶级内部的矛盾,工人阶级和其他劳动人民同民族资产阶级之间的矛盾,等等。

例如,第三节"农业合作化问题"就谈到了在国家同合作社之间、合作社内部、合作社同合作社之间,"都有一些矛盾需要解决。我们必须经常注意从生产问题和分配问题上处理上述矛盾"[①]。同时,特别强调要进一步从各方面改善工人和农民的生活。第四节"工商业者问题"谈到了工人阶级和其他劳动人民同民族资产阶级的矛盾问题,对民族资产阶级的两面性作了分析,从矛盾性质、外部条件和处理方法等方面分析了这一类人民内部矛盾。第五节"知识分子问题"就知识分子内部的矛盾和工人阶级同知识分子之间的矛盾进行了分析,强调知识分子在社会主义建设过程中的重要作用。第六节"少数民族问题"谈到了民族之间的矛盾特别是汉族同少数民族之间的矛

---

① 《毛泽东文集》第 7 卷,人民出版社 1999 年版,第 221 页。

第三章 关于社会主义社会矛盾的一系列重大理论问题

盾如何处理的问题。第八节"关于百花齐放、百家争鸣、长期共存、互相监督"谈到了中国共产党同民主党派之间的矛盾问题，把"长期共存、互相监督"作为处理的基本原则和方针。同时，对无产阶级与资产阶级在意识形态领域的矛盾进行了深入分析，既谈到了区分"香花""毒草"的标准，也论述了马克思主义是否能接受批评的问题。

第二种是党和政府同人民群众之间的矛盾，如"国家利益、集体利益同个人利益之间的矛盾，民主同集中的矛盾，领导同被领导之间的矛盾，国家机关某些工作人员的官僚主义作风同群众之间的矛盾"①，等等。

例如，第三节"农业合作化问题"谈到了国家利益、集体利益和个人利益之间的矛盾，强调对国家的税收、合作社的积累、农民的收入三个方面要统筹兼顾，经常注意调节其中的矛盾。第七节"统筹兼顾、适当安排"谈到了党和政府在工作中的狭隘主义造成的党和政府与人民群众之间的矛盾。强调目前社会过渡时期，党和政府在各项工作中，如粮食、灾荒、就业、教育、知识分子、统一战线、少数民族等工作都应当坚持统筹兼顾，与各方面的人协商，调动社会团体、人民群众等一切积极因素。第九节"关于少数人闹事问题"主要谈到了党和政府官员的官僚主义、形式主义、主观主义及群众缺乏教育等造成的干群矛盾，强调了大部分的群众闹事问题都属于人民内部矛

---

① 《毛泽东文集》第7卷，人民出版社1999年版，第205—206页。

《关于正确处理人民内部矛盾的问题》精学导读

盾,要从克服官僚主义和加强群众教育入手解决这类矛盾。同时,对于故意造谣生事,蓄意破坏社会秩序的闹事行为要给予必要的法律制裁。

第三种是主观认识与客观规律之间的矛盾,如"主观安排不符合客观情况,发生矛盾,破坏平衡,这就叫做犯错误"[①]。造成这种矛盾的原因有领导上的官僚主义、对广大群众思想政治工作缺乏或不足等。

例如,第十节"坏事能否变成好事?"谈到了我们认识问题,看待事物,要客观地反映问题,全面地看待事物,既要看到事物的正面,也要看到它的反面,从而创造条件推动事物朝有利于我们的一面转化发展。第十一节"关于节约"主要谈了我们主观上要进行大规模建设同客观上我国的经济还很落后还很穷的现实之间的矛盾,提出"我们六亿人口都要实行增产节约,反对铺张浪费。这不但在经济上有重大意义,在政治上也有重大意义"[②]。第十二节"中国工业化的道路"谈到了重工业同农业和轻工业之间的矛盾,强调重工业虽然是中心,但同时必须充分注意发展农业和轻工业,要注意平衡,工业和农业必须同时并举,没有工业就没有轻工业,重工业要以农业为重要市场。还谈到了社会主义社会经济发展的客观规律同我们主观认识之间的矛盾,认为这个矛盾将表现为比较正确地反映客

---

① 《毛泽东文集》第7卷,人民出版社1999年版,第216页。
② 《毛泽东文集》第7卷,人民出版社1999年版,第240页。

第三章 关于社会主义社会矛盾的一系列重大理论问题

观规律的一些人同比较不正确地反映客观规律的一些人之间的矛盾,提出我们应该正确地反映和解决它。

需要说明的是,毛泽东在文中谈到的许多"小题目"并不是固定的属于某一种矛盾,而是涉及了多种矛盾,其间并没有严格的区分标准,都属于人民内部矛盾。比如"农业合作化问题"既谈到了农民内部的矛盾、工农之间的矛盾,"有少部分工人的工资以及有些国家机关工作人员的工资是高了一些,农民看了不满意"①,又谈到了党和政府同人民群众之间的矛盾,要兼顾国家利益、集体利益和个人利益;"坏事能否变成好事?"部分既谈到了乱子有二重性,要克服官僚主义解决干群之间的矛盾问题,又谈到了主观要符合客观实际情况,创造条件促进矛盾向好的一面转化的问题;"关于节约"部分既谈到了主观上要进行大规模经济建设与客观上我国经济还很落后的现实之间的矛盾,又谈到了党和政府同人民群众之间的矛盾,"在我们的许多工作人员中间,现在滋长着一种不愿意和群众同甘苦,喜欢计较个人名利的危险倾向,这是很不好的。我们增产节约运动中要求精简机关,下放干部,使相当大的一批干部回到生产中去,就是克服这种危险倾向的一个方法"②。总的来说,这些"小题目"涉及了党和国家工作中的多个方面,是中国社会主义建设条件下党和国家工作中必然会遇到及必然要解决的在性质上属于"总题目"的人民内部矛盾。

---

① 《毛泽东文集》第 7 卷,人民出版社 1999 年版,第 222 页。
② 《毛泽东文集》第 7 卷,人民出版社 1999 年版,第 240 页。

第四章　人民内部矛盾的主要表现与处理方法

一、总的处理原则：团结—批评—团结

毛泽东在《关于正确处理人民内部矛盾的问题》中指出，我们在人民内部实行民主制度。人民内部的矛盾，"只能用民主的方法去解决，只能用讨论的方法、批评的方法、说服教育的方法去解决，而不能用强制的、压服的方法去解决"[1]。这种解决人民内部矛盾的总的民主方法，"具体化为一个公式，叫做'团结—批评—团结'。讲详细一点，就是从团结的愿望出发，经过批评或者斗争使矛盾得到解决，从而在新的基础上达到新的团结"[2]。应当说，这种民主方法和"团结—批评—团结"的总的处理原则，是有其理论基础、历史经验和现实依据的。

首先，采用民主的方法和原则来处理人民内部矛盾，是契

---

[1]《毛泽东文集》第7卷，人民出版社1999年版，第209页。
[2]《毛泽东文集》第7卷，人民出版社1999年版，第210页。

第四章 人民内部矛盾的主要表现与处理方法

合马克思主义的基本原则和精神的。毛泽东在《关于正确处理人民内部矛盾的问题》中指出,许多人认为采用民主的方法解决人民内部矛盾是一个新问题。"事实并不是这样。马克思主义者从来就认为无产阶级的事业只能依靠人民群众,共产党人在劳动人民中间进行工作的时候必须采取民主的说服教育的方法,决不允许采取命令主义态度和强制手段。中国共产党忠实地遵守马克思列宁主义的这个原则。"①马克思和恩格斯早在《共产党宣言》中就明确地指出:"过去的一切运动都是少数人的或者为少数人谋利益的运动。无产阶级的运动是绝大多数人的、为绝大多数人谋利益的独立的运动。"②在共产主义发展的不同阶段,马克思、恩格斯也反复强调共产党人与其他无产阶级政党不同的地方主要体现在两个方面:一方面,在各国无产者的斗争中共产党人强调和坚持整个无产阶级的不分民族的共同利益;另一方面,在无产阶级和资产阶级的斗争所经历的各个发展阶段上,共产党人始终代表整个运动的利益。③马克思和恩格斯的这些论述实际上就鲜明地指明了马克思主义的人民性,明确地表明其始终是依靠广大人民群众的,始终是为广大人民群众谋利益的。而"团结—批评—团结"的解决人民内部矛盾的总原则,也契合唯物辩证法的否定之否定规律。唯物辩证法的否定之否定规律并不是单纯地进行否定,而是作为联

---

① 《毛泽东文集》第7卷,人民出版社1999年版,第211页。
② 《马克思恩格斯选集》第1卷,人民出版社1995年版,第283页。
③ 《马克思恩格斯选集》第1卷,人民出版社1995年版,第285页。

系的环节的否定,作为发展的环节的否定,是通过扬弃,保持着肯定的东西,达到肯定和否定的新的统一。这和毛泽东提出的"团结—批评—团结"的处理原则是一致的:"从团结全党出发是第一,加以分析批评是第二,然后再来一个团结。团结、批评、团结,这就是我们的方法,这就是辩证法。如果事情没有搞好,原因在什么地方?原因就是没有照辩证法办事。"①毛泽东具体阐述说,第一个出发点是团结,是不是开会喊一声"团结",再喊一声"团结"就完了吗?不是。这不是照辩证法办事。照辩证法办事就还没有完,还要分析,要批评,要搞清问题,分清是非轻重。讲团结就要加上分析,并且是精密的分析,这一面看一下,那一面看一下,反复地看,思想酝酿成熟。我们常常搞错事情,就是因为看了一个侧面没有看另一个侧面,听了一面的话没有听另一面的话。团结加上分析,对各种矛盾的意见、不对头的意见,对每个人的意见,都加以分析:或者全部是对的,只是句把话不好;或者一部分是对的,一部分是不对的;或者全部是不对的。分清是非,然后落在一个地方,就是团结。我们讲团结,是从团结全党出发,不是从团结一个山头出发,不是从团结小部分人出发。如果不谨慎,头一步就走得不对,就不是为了团结,第二步分析工作、批评工作也不很妥当,那末,落下去的地方就必然是不团结。②解决人民内部矛盾就是这样,如果放弃原则,只是求一部分人或者形式上

---

① 《毛泽东文集》第 3 卷,人民出版社 1996 年版,第 256 页。
② 《毛泽东文集》第 3 卷,人民出版社 1996 年版,第 257 页。

第四章 人民内部矛盾的主要表现与处理方法

表面上的团结,那就达不到真正的团结。同理,批评也是有目的的批评、有原则的批评,而不是打压式的批评,批评的主要目的是纠正错误,引导方向,最终目的还是要解决人民内部矛盾并实现新的团结。

其次,正如毛泽东谈到的,用民主的方法解决人民内部矛盾,"按照我们的经验,这是解决人民内部矛盾的一个正确的方法"①。中国共产党在领导革命和建设过程中,逐步形成了民主的方法解决内部矛盾的宝贵经验。从大革命时期到内战时期,再到抗战时期,我们处理党群关系、军民关系、官兵关系及其他人民内部关系,都是采用的民主的方法。例如,1929 年毛泽东在中国共产党红军第四军第九次代表大会的决议中,在谈到纠正党内非组织倾向时就指出,党内批评不应该是攻击个人,而应是"坚强党的组织、增加党的战斗力的武器……批评的目的是增加党的战斗力以达到阶级斗争的胜利,不应当利用批评去做攻击个人的工具"②。特别是到了延安整风时期,这一经验方法逐渐建立在更加自觉的基础之上,凝结成"团结—批评—团结"的处理原则。我们党历史上,教条主义者对待其与广大人民群众之间的矛盾,对待教条主义思想和马克思主义思想之间的矛盾,常采取"残酷斗争,无情打击"的错误方法,不但没有团结同志,壮大革命力量,反而削弱了革命力量,造成

---

① 《毛泽东文集》第 7 卷,人民出版社 1999 年版,第 210 页。
② 《毛泽东选集》第 1 卷,人民出版社 1991 年版,第 90 页。

《关于正确处理人民内部矛盾的问题》精学导读

了极坏的影响。我们在批评"左"倾教条主义的时候,就没有采用这种错误的老办法,没有"一棍子把人打死",而是采用了民主的、温和的、非命令式的新方法,坚持既要弄清思想又要团结同志,既要解决问题又要治病救人,既不表面敷衍又不中伤同志,"就是从团结的愿望出发,经过批评或者斗争,分清是非,在新的基础上达到新的团结……经过几年之后,到一九四五年中国共产党召开第七次全国代表大会的时候,果然达到了全党团结的目的,因此就取得了人民革命的伟大胜利"[①]。如果主观上没有团结的愿望,一斗势必就会把事情搞乱,一发不可收拾,那实际上和教条主义者的"残酷斗争,无情打击"就没什么区别了,更谈不上党内团结。"从这个经验里,我们找到了一个公式:团结—批评—团结。或者说,惩前毖后,治病救人。我们把这个方法推广到了党外。在各抗日根据地里,我们处理领导和群众的关系,处理军民关系、官兵关系、几部分军队之间的关系、几部分干部之间的关系,都采用了这个方法,并且得到了伟大的成功。"[②]中华人民共和国成立后,我们对民主党派和工商界也采取了这一方法。我们现在的任务,"就是要在整个人民内部继续推广和更好地运用这个方法,要求所有的工厂、合作社、商店、学校、机关、团体,总之,六亿人口,都采用这个方法去解

---

① 《毛泽东文集》第 7 卷,人民出版社 1999 年版,第 210 页。
② 《毛泽东文集》第 7 卷,人民出版社 1999 年版,第 210—211 页。

第四章 人民内部矛盾的主要表现与处理方法

决他们内部的矛盾"①。

最后,用民主的方法来解决人民内部矛盾,也是基于我国社会主义条件下存在两类不同性质的矛盾的社会现实的考量。正确处理社会矛盾的前提是要对社会矛盾进行性质上的区分。毛泽东认为,在社会主义条件下,中国社会存在着敌我矛盾和人民内部矛盾两种性质不同的矛盾。矛盾的性质不同,解决的方法也就不同。敌我矛盾主要是要分清敌我,而人民内部矛盾主要是要分清是非。敌我意味着在根本利益上是不一致的,是存在根本的利益冲突和对抗性的,对待敌我矛盾,就要用专政的方法,即对内进行专政,压迫国家内部的那些反动派、反动阶级和反抗社会主义革命的剥削者,压迫那些社会主义建设的破坏者,如逮捕一些反革命分子并将他们判罪收押等,通过这样的方式来解决敌我矛盾,保证党的领导和社会主义建设的顺利进行;对外进行专政就是通过防御国家外部敌人的颠覆活动和可能的侵略,以此解决敌我矛盾,保护人民群众进行和平劳动,保证社会主义建设有一个安定的国际环境。人民内部矛盾则不同,它是在人民群众利益根本一致的情况下发生的,是非对抗性的矛盾。虽然在一定范围内还存在剥削,如民族资产阶级对工人阶级的剥削,虽然存在着某些局部的或者一定形式上的利益冲突,但是民族资产阶级是支持社会主义改造、拥护中国共产党的领导和社会主义建设的,也属

---

① 《毛泽东文集》第 7 卷,人民出版社 1999 年版,第 211 页。

《关于正确处理人民内部矛盾的问题》精学导读

于人民群众的一部分，他们与工人阶级并不存在根本利益上的冲突。因此，对待人民内部矛盾，就不能采用解决敌我矛盾的专政的方法，"人民自己不能向自己专政，不能由一部分人民去压迫另一部分人民"[1]。虽然我们实行的是民主集中制，主张集中指导下的民主，但这绝不是说，人民内部的思想问题，是非辨别问题，可以使用强制的方法去解决，启用强制的方法、命令的方法去解决人民内部矛盾，"不但没有效力，而且是有害的"[2]。而且即使是政府的行政命令，也要伴之以说服教育的民主方法，单靠行政命令，在许多情况下是行不通的。刘少奇也指出，我们共产党人并不嗜好斗争，我们主观上没有故意去激化斗争的想法，但是必须要斗争的时候我们也不害怕斗争，我们究竟应该采取什么样的方针和方法来解决矛盾，不是由我们主观意愿决定的，而是由客观矛盾的性质决定的。"凡是可以采取说服、教育、团结的办法来解决问题的时候，我们都是采取说服、教育、团结的办法……人民内部矛盾是非对抗性的矛盾。我们就是主张处理人民内部的矛盾要用和风细雨的办法，要用小民主的办法。"[3]

毛泽东把民主的方法，把"团结—批评—团结"的方法作为处理人民内部矛盾的总的原则和方法，为发展社会主义矛盾学说作出了重要贡献。毛泽东想通过这种方法，形成一

---

[1]《毛泽东文集》第7卷，人民出版社1999年版，第207页。
[2]《毛泽东文集》第7卷，人民出版社1999年版，第209页。
[3]《刘少奇选集》下卷，人民出版社1985年版，第302页。

第四章 人民内部矛盾的主要表现与处理方法

种政治上既有集中又有民主,既有纪律又有自由,既有统一意志又有个人心情舒畅的、生动活泼的政治局面;形成一种科学文化上百花齐放、百家争鸣的繁荣文化局面;等等,以团结各方面的积极因素,调动一切可以调动的力量,为社会主义建设事业服务。

二、经济领域中的表现与处理方法

毛泽东在《关于正确处理人民内部矛盾的问题》中,对多种人民内部矛盾进行了分析,并提出了相应的处理方法。大体而言,这些人民内部矛盾涉及不同种类和各个领域,大致可以归为经济领域、政治和社会领域、思想文化领域。以经济领域为例,具体阐述了如下内容。

首先,在经济领域中,毛泽东认为,农业合作化、手工业合作化和工商业改造过程中涌现的矛盾仍然是主要的人民内部矛盾。其表现和处理方法在第三节"农业合作化问题"、第四节"工商业者问题"、第七节"统筹兼顾、适当安排"、第十一节"关于节约"、第十二节"中国工业化的道路"等节中均有涉及。

农业合作化的完成,一方面从根本上解决了工业化与个体农业之间的不协调不配套的大问题,另一方面存在着部分矛盾,还需要一个完善的过程。"在国家同合作社之间,在

《关于正确处理人民内部矛盾的问题》精学导读

合作社内部，在合作社同合作社相互之间，都有一些矛盾需要解决。"①例如，对于合作社是否具有优越性，就出现了积极拥护和寄予希望的大多数人与不满意的少数人之间的矛盾，积极拥护合作社的农民和少数不满意合作社的农民之间，处理这两类矛盾，毛泽东认为要："注意从生产问题和分配问题上处理。"②从生产方面来说，既要让合作社有宏观上的国家计划方向和方针政策的规范与引导，又要保持一定的自身灵活性；既要使参加合作社的各家庭留有一部分可以自己自由支配的自留地和其他一部分个体经济，又要在整体上服从合作社或者生产队的总的计划。从分配方面来说，要注意协调个人收入与合作社的积累和国家税收之间的关系，也就是说，要兼顾三方利益，经常注意调节其中的矛盾。国家和集体都要积累，但积累不宜过多，要让农民有获得感，不断改善农民的生活质量，要尽可能使农民能够在正常年景下，能够在生产增加中逐年增加收入。

对于工商业者的问题，我们要看到，资本主义工商业的改造之所以如此顺利和迅速，是与我们把其改造过程中涌现出的矛盾作为人民内部矛盾来处理密不可分的，但这些矛盾尚未完全解决，还需要经历一个完善的过程。因为一方面民族资产阶级正处于由一定生产资料的所有者和剥削者向劳动者身份变化

---

① 《毛泽东文集》第7卷，人民出版社1999年版，第221页。
② 《毛泽东文集》第7卷，人民出版社1999年版，第221页。

第四章 人民内部矛盾的主要表现与处理方法

的过程中,另一方面他们剥削的"根子"还没有完全斩断,还在获得一定的利润。解决的方法,就是在自愿的基础上,在工作中,在与工人一起劳动中进行,继续学习,继续改造自己。

其次,经济领域中的人民内部矛盾还表现为在社会主义工业化进程中,重工业、农业和轻工业之间的矛盾,必须处理好这三者之间的关系。毛泽东在《论十大关系》中谈到,重工业是优先考虑的,但"还要适当地调整重工业和农业、轻工业的投资比例,更多地发展农业、轻工业"①。这既可以更好地满足人民群众的生活需要,又能加快资金积累以促进重工业的发展。这三者之间的矛盾还牵涉到沿海工业与内地工业之间的矛盾,我们不仅要好好地利用和发展好沿海工业,也要发展内地工业,使工业布局逐步平衡,并且有利于备战。至于经济建设与国防建设之间的矛盾,则必须在明确国防建设的重大意义的基础上,认识到:"只有经济建设发展得更快了,国防建设才能够有更大的进步。"②在《关于正确处理人民内部矛盾的问题》中,毛泽东强调,所谓中国工业化道路的问题,主要是指重工业、轻工业和农业的发展关系问题,"我国的经济建设是以重工业为中心,这一点必须肯定。但是同时必须充分注意发展农业和轻工业"③。我国是农业大国,农村人口占到全国人口的百分之八十以上。没有农业,就没有轻工业,重工业也发

---

① 《毛泽东文集》第 7 卷,人民出版社 1999 年版,第 24 页。
② 《毛泽东文集》第 7 卷,人民出版社 1999 年版,第 27 页。
③ 《毛泽东文集》第 7 卷,人民出版社 1999 年版,第 241 页。

《关于正确处理人民内部矛盾的问题》精学导读

展不起来。发展工业必须和发展农业同时并举，这样工业才会有原料，才会有市场，才有可能为工业的发展积累较多的资金。因此，如果我们能够更大力度的发展农业，同时使轻工业得到相应地、更多地发展，那么这对于我们的国民经济是会有好处的。

最后，"社会主义社会经济发展的客观规律和我们主观认识之间的矛盾"[1]，也是经济领域中的人民内部矛盾的表现之一。这一矛盾实质上是对客观规律有不同反映的人们之间的矛盾。解决这类矛盾要注重到实践中去解决，从实践中总结经验教训，尽可能地正确认识和解决这类矛盾，同时要注重学习，学习别的国家（无论是资本主义国家还是社会主义国家）的好的经验，学那些与我国情况相适合的有益的经验，而不是教条主义的照抄照搬。毛泽东还谈到了经济领域中存在的一种矛盾，即"我们要进行大规模的建设，但是我国还是一个很穷的国家，这是一个矛盾"[2]。对于这种矛盾，毛泽东提出的解决方法是既要努力增产，又要反对浪费和提倡厉行节约。这样做的目的，在经济和政治上都有重大意义，在增产节约运动中，要精简机关，下放干部，使相当大一部分干部回到生产中去，让干部和工作人员与群众同甘共苦，不计较个人名利得失，坚持勤俭建国的方针。

总的来说，经济领域中的大多数人民内部矛盾，解决的基

---

[1]《毛泽东文集》第 7 卷，人民出版社 1999 年版，第 242 页。
[2]《毛泽东文集》第 7 卷，人民出版社 1999 年版，第 239 页。

第四章 人民内部矛盾的主要表现与处理方法

本的方法是"统筹兼顾、适当安排"。正如毛泽东所说:"这是我们历来的方针。在延安的时候,就采取这个方针。"①抗日战争时期,在陕甘宁边区,毛泽东为了统筹发展公营和私营经济,保障边区人民和政府的日常所需,提出来"公私兼顾""军民兼顾"以正确处理公私关系。解放战争时期,为了粉碎国民党对解放区的进攻,毛泽东又适时地提出了发展生产、保障供给、集中领导、分散经营、军民兼顾、公私兼顾等重要原则,以调整解放区的财经工作,解决财经问题。在中共七届二中全会上,中央指出,我们的工作重心由乡村转移到城市,必须兼顾城乡,使城市工作和乡村工作、工人和农民、工业和农业紧密地联系起来。②中华人民共和国成立后,为了顺利完成国民经济恢复和向社会主义改造的任务,毛泽东又明确提出在经济上要统筹兼顾,"现在是我们管事了。我们的方针就是统筹兼顾,各得其所"③。他将统筹兼顾思想贯穿于《论十大关系》中,强调要统筹兼顾个人利益与集体利益、局部利益与整体利益、暂时利益与长远利益等,就是为了调动各方面的积极因素为社会主义建设服务。1957年2月毛泽东在最高国务会议第十一次(扩大)会议上发表完《如何处理人民内部的矛盾》的讲话后,在随后到各地的宣传中,他又反复强调,统筹兼顾是为了调动一切积极力量去建设社会主义。在《关于正确处理人民

---

① 《毛泽东文集》第7卷,人民出版社1999年版,第186页。
② 《毛泽东选集》第4卷,人民出版社1991年版,第1427页。
③ 《毛泽东文集》第7卷,人民出版社1999年版,第186页。

内部矛盾的问题》中，毛泽东正式提出了"统筹兼顾、适当安排"的方针，并把它作为处理人民内部矛盾特别是处理经济领域内人民内部矛盾的一种基本方法，以调动各方面的力量和积极因素建设社会主义。毛泽东阐释说："这里所说的统筹兼顾，是指对于六亿人口的统筹兼顾。我们作计划、办事、想问题，都要从我国有六亿人口这一点出发，千万不要忘记这一点。"①他强调，现在许多人在办起事来总是忘记我国有六亿人口这一点，忘记这是我们的本钱，我们人多，这是好事。虽然我们目前处于过渡时期，困难问题还很多，又发展又困难，这就是矛盾。有了矛盾就要去解决，解决的方针就是从我国全体人民出发，无论是粮食问题、就业问题也好，还是教育问题、灾荒问题也罢，总之各种矛盾，都要从对全体人民统筹兼顾出发，同各方面的人协商，做出适当的安排，其目的就是早就强调的："调动一切积极因素，团结一切可能团结的人，并且尽可能地将消极因素转变为积极因素，为建设社会主义社会这个伟大的事业服务。"②

三、政治和社会领域中的表现与处理方法

在《关于正确处理人民内部矛盾的问题》中，毛泽东谈到

---

① 《毛泽东文集》第 7 卷，人民出版社 1999 年版，第 227—228 页。
② 《毛泽东文集》第 7 卷，人民出版社 1999 年版，第 228 页。

第四章 人民内部矛盾的主要表现与处理方法

了不少政治和社会领域的人民内部矛盾，主要涉及第六节"少数民族问题"、第八节"关于百花齐放、百家争鸣、长期共存、互相监督"、第九节"关于少数人闹事问题"、第十节"坏事能否变成好事？"等。具体来说，政治和社会领域的人民内部矛盾主要表现在以下几个方面。

首先，就是中国共产党与民主党派之间的矛盾，以及中国共产党的党内矛盾。对于民主党派与共产党之间的一些问题，毛泽东指出，共产党要始终与民主党派"长期共存、互相监督"。"长期共存、互相监督"这个口号是具体的历史的产物。"它已经经过了好几年的酝酿……到去年,社会主义制度已基本建立,这些口号就明确地提出来了。"①毛泽东解释说，让资产阶级和小资产阶级的民主党派同工人阶级政党长期共存，是有政治基础的，即各民主党派只要为人民效力，得到人民的信任，我们就应该给予他们效力和合作的机会，这是各党派可以长期共存的政治基础。同时，共产党和民主党派可以互相监督，互相帮助整风，听取不同的意见和声音，"这就是互相帮助，使歪风整掉，走向反面，变为正风。人民正是这样希望于我们的，我们应当满足人民的希望"②。这对中国共产党和各民主党派的发展，对社会主义事业都是极为有益的。在修改《关于正确处理人民内部矛盾的问题》的过程中，毛泽东于1957年5月

---

① 《毛泽东文集》第7卷，人民出版社1999年版，第234—235页。
② 中共中央文献研究室编：《建国以来重要文献选编》第10册，中央文献出版社1994年版，第270页。

《关于正确处理人民内部矛盾的问题》精学导读

16日为中共中央起草的《中央关于对待当前党外人士批评的指示》中还提出,党外人士对我们的批评,不管如何尖锐,基本上是诚恳的、正确的,这些批评对于我党整风,对于我们改正缺点和错误,是大有裨益的。①对于共产党内部的矛盾,毛泽东在1956年9月提出,党内政治上的矛盾很多时候都是思想上的矛盾的表现,对这些人,"除开极个别的别有用心钻到党内来破坏的敌对分子以外,所有犯错误的人,不管他犯的错误怎么严重,哪怕是路线错误,也只是思想不对头。既是思想问题,那末改正错误就是改正思想的问题,就是整风学习的问题,讨论研究的问题"②。在弄清是非的基础上,要秉着"惩前毖后,治病救人"的方针帮助犯错误的同志采取合乎实际的批评乃至斗争的方式改正错误,并从错误中取得经验教训,在以后的工作中少犯错误。在修改《关于正确处理人民内部矛盾的问题》的过程中,毛泽东还着手发动了全党整风,其围绕的核心就是让党的各级领导干部正确处理人民内部矛盾。1957年4月27日,中共中央发出《关于整风运动的指示》,5月1日《人民日报》刊发了这个指示,开始了全党整风。《人民日报》还连续发表了社论《为什么要整风?》《同群众共甘苦》《为什么要用和风细雨的方法来整风》等,对全党开展整风运动起了很大的推动作用。

---

① 参见中共中央文献研究室编:《建国以来重要文献选编》第10册,中央文献出版社1994年版,第272页。
② 《毛泽东文集》第7卷,人民出版社1999年版,第107页。

第四章 人民内部矛盾的主要表现与处理方法

其次，在中央与地方之间，也存在着矛盾。毛泽东在《论十大关系》中就有详细分析，在《关于正确处理人民内部矛盾的问题》中，他进一步在"农业合作化问题""关于节约""中国工业化的道路"等节中涉及了这一问题。毛泽东提出的解决办法是："在巩固中央统一领导的前提下……给地方更多的独立性，让地方办更多的事情。"① 要发展社会主义建设，就要发挥地方的积极性，要给地方足够的机动性和权力，同时要提倡与地方商量办事的作风，凡是同地方有关的事务，中央要同地方多商量，然后再决定。地方与地方之间的矛盾也是如此，上下级之间，不能框得太死，既要顾全大局，又要互助互让。例如，在农业合作化过程中，"合作社经济要服从国家统一经济计划的领导，同时在不违背国家的统一计划和政策法令下保持自己一定的灵活性和独立性"②，要注意调整国家的积累和合作社的积累之间的矛盾等。

再次，汉族与少数民族之间的问题，也是政治和社会领域内不容忽视的一种人民内部矛盾，在《论十大关系》中，毛泽东就专门谈到了"汉族与少数民族的关系"问题，提出要反对大汉族主义和地方民族主义，重点地反对大汉族主义，处理好汉族与少数民族的关系，巩固各民族的团结，共同努力于建设伟大的社会主义中国。在《关于正确处理人民内部矛盾的问题》

---

① 《毛泽东文集》第 7 卷，人民出版社 1999 年版，第 31 页。
② 《毛泽东文集》第 7 卷，人民出版社 1999 年版，第 221 页。

《关于正确处理人民内部矛盾的问题》精学导读

一文中,毛泽东进一步将其视为一种人民内部矛盾,在第六节"少数民族问题"部分郑重地再次提了出来:"无论是大汉族主义或者地方民族主义,都不利于各族人民的团结,这是应当克服的一种人民内部的矛盾。"①基本的原则是既要重点防止大汉族主义,也要在存有地方民族主义的少数民族中间反对地方民族主义。各民族对中国的历史都有过贡献,必须处理好汉族和少数民族之间的关系以巩固团结,"无论对干部和人民群众,都要广泛地持久地进行无产阶级的民族政策教育,并且要对汉族和少数民族的关系经常注意检查"②。

最后,政治和社会领域内人民内部的矛盾还表现为少数人闹事的问题。对于这类矛盾,毛泽东强调首先要区分清楚性质,有的人是不顾公共利益,故意造谣生事,行凶犯法,破坏社会正常秩序;有的人闹事则是因为上级领导的官僚主义、自身的个人利益没有得到满足;等等。对于故意破坏社会正常秩序的少数坏分子,我们不应该放纵这类人闹事,必须进行必要的法律制裁;对于其他的群众闹事行为,我们不能用简单的方法草率处理,而要通过细致的工作,"坚决地克服官僚主义,很好地加强思想政治教育,恰当地处理各种矛盾"③。不仅可以对群众进行各种疏导,在群众中经常进行生动切实的思想政治教育,把客观存在的困难向群众作如实的说明,一同寻找解决问题的办法,而

---

① 《毛泽东文集》第 7 卷,人民出版社 1999 年版,第 227 页。
② 《毛泽东文集》第 7 卷,人民出版社 1999 年版,第 34 页。
③ 《毛泽东文集》第 7 卷,人民出版社 1999 年版,第 237 页。

第四章 人民内部矛盾的主要表现与处理方法

且闹事在某种程度上还可以"作为改善工作、教育干部和群众的一种特殊手段,解决平日所没有解决的问题"①。例如,帮助我们克服官僚主义等。

可见,无论是党内问题,还是少数人闹事问题,政治和社会领域的人民内部矛盾实际上是较为常见和多发的人民内部矛盾。毛泽东提出的一个处理政治和社会领域人民内部矛盾的一个基本方法是民主集中制。民主集中制是毛泽东在总结中国革命和建设经验教训的基础上提出来的。早在大革命时期,毛泽东在考察湖南农民运动时,就提到湖南采用"民主的委员制县政治组织"②;在土地革命时期,毛泽东谈到不但人民需要民主,军队也需要民主,军队内的民主主义制度,将是破坏封建雇佣军队的重要武器之一。"民主集中主义的制度,一定要在革命斗争中显示出了它的效力,使群众了解它是最能发动群众力量和最利于斗争的,方能普遍地真实地应用于群众组织。"③在谈到要纠正党内错误思想的问题时,毛泽东还针对极端民主化问题表示,"在组织上,要厉行集中指导下的民主生活"④。抗日战争时期,在论及组成国防政府以反对日本进攻的问题时,毛泽东指出,抗日是一件大事,少数人肯定干不了,"政府如果是真正的国防政府,它就一定要依靠民众,要实行民主集中制。

---

① 《毛泽东文集》第 7 卷,人民出版社 1999 年版,第 237 页。
② 《毛泽东选集》第 1 卷,人民出版社 1991 年版,第 30 页。
③ 《毛泽东选集》第 1 卷,人民出版社 1991 年版,第 72 页。
④ 《毛泽东选集》第 1 卷,人民出版社 1991 年版,第 89 页。

《关于正确处理人民内部矛盾的问题》精学导读

它是民主的,又是集中的;最有力量的政府是这样的政府"[1]。在《整顿党的作风》中,毛泽东谈到,一部分同志只见局部利益,看不到全体利益,他们总是不适当地强调他们自己所管辖的局部工作,总希望全体利益去服从他们的局部利益,"他们不懂得党的民主集中制,他们不知道共产党不但要民主,尤其要集中。他们忘记了少数服从多数,下级服从上级,局部服从全体,全党服从中央的民主集中制……要提倡顾全大局。每一个党员,每一种局部工作,每一项言论或行动,都必须以全党利益为出发点,绝对不许可违反这个原则"[2]。毛泽东在谈到将来联合政府的组成原则时,又强调:"新民主主义的政权组织,应该采取民主集中制,由各级人民代表大会决定大政方针,选举政府。它是民主的,又是集中的,就是说,在民主基础上的集中,在集中指导下的民主。"[3]只有这个制度,才能既体现广泛的民主,又能集中处理国事,并保障人民的一切必要的民主活动。中华人民共和国成立后,毛泽东对民主集中制的探索进一步深入。在《关于正确处理人民内部矛盾的问题》中,毛泽东谈到,我们的这个社会主义民主是任何资产阶级国家所不可能有的最广泛的民主。有些人认为我们的民主制度下自由太少了,不如西方议会民主制度的自由多,但他们实际上是没有看清楚,世界上只有具体的自由和民主,没有抽象的自由和

---

[1]《毛泽东选集》第2卷,人民出版社1991年版,第347页。
[2]《毛泽东选集》第3卷,人民出版社1991年版,第821页。
[3]《毛泽东选集》第3卷,人民出版社1991年版,第1057页。

第四章 人民内部矛盾的主要表现与处理方法

民主。在阶级斗争的社会里，有了剥削阶级剥削劳动人民的自由，就没有劳动人民不受剥削的自由。民主这个东西，有时候看上去似乎是目的，但实际上它只是一种手段，"民主自由都是相对的，不是绝对的，都是在历史上发生和发展的。在人民内部，民主是对集中而言，自由是对纪律而言。这些都是一个统一体的两个矛盾着的侧面……在人民内部，不可以没有自由，也不可以没有纪律；不可以没有民主，也不可以没有集中。这种民主和集中的统一，自由和纪律的统一，就是我们的民主集中制"①。就党内来说，民主集中制能充分地保证党内的团结和活力，就广大人民群众来说，民主集中制又能充分调动广大人民群众的积极性，从而更好地保障和实现他们的全体利益和长远利益。所以，毛泽东着重强调："在人民内部是实行民主集中制。"②同时，将其视为处理人民内部矛盾的一个出发点和基本方法。

四、思想文化领域中的表现与处理方法

毛泽东在《关于正确处理人民内部矛盾的问题》一文中，对思想文化领域内的人民内部矛盾问题的论述，主要集中在第八节"关于百花齐放、百家争鸣、长期共存、互相监督"中。

---

① 《毛泽东文集》第 7 卷，人民出版社 1999 年版，第 209 页。
② 《毛泽东文集》第 7 卷，人民出版社 1999 年版，第 207 页。

《关于正确处理人民内部矛盾的问题》精学导读

思想文化领域内的人民内部矛盾主要表现为艺术上的不同形式和风格之间、科学上不同的派别和观点之间的矛盾。解决这类矛盾的基本方针是"百花齐放、百家争鸣",即科学上艺术上的不同风格、不同派别、不同观点之间的是非问题,可以通过科学界、艺术界的自由讨论和实践去解决,而不应使用行政力量和手中的权力强行压制矛盾。"因此,对于科学上、艺术上的是非,应当保持慎重的态度,提倡自由讨论,不要轻率地作结论。"①

思想文化领域内的人民内部矛盾还表现为意识形态领域内马克思主义和非马克思主义之间的矛盾。毛泽东指出,我们要看到许多新的、正确的东西,一开始往往都不被大多数人认可,都是在斗争中曲折发展起来的,马克思主义也是如此。虽然社会主义改造已经解决了所有制问题,革命时期大规模的急风暴雨式的阶级斗争已经基本结束,但是阶级斗争还没有完全结束,特别是社会主义和资本主义之间在意识形态方面的矛盾斗争,还是长期的、曲折的,还需要经过一段相当长的时间才能解决。马克思主义必须在斗争中才能发展,不但过去、现在是这样,将来还将是这样,正确的东西总是在同错误的东西作斗争的过程中发展起来的,这既符合真理发展的规律,也是马克思主义发展的规律。解决这类思想意识方面的矛盾,"不能

---

① 《毛泽东文集》第 7 卷,人民出版社 1999 年版,第 229—230 页。

第四章　人民内部矛盾的主要表现与处理方法

采取粗暴的强制的方法，只能用细致的讲理的方法"[1]。要抓住无产阶级领导下的广大人民群众已经牢牢掌握了国家政权、共产党领导人民已经取得了巨大成就并有决心有能力把祖国建设好等优胜条件，以爱国情怀为基础，同他们接触来往交朋友，让他们懂得倘若没有广大劳动人民的支持，如果离开了正在进行的伟大的社会主义建设事业，他们将失去依傍，没有任何光明的前途。当然，对非马克思主义的思想我们也要进行性质上的区分，而对一些明显的敌对分子和故意的破坏分子，则不能给予他们言论自由。

对于人民内部其他思想上的问题、精神世界的问题，应采取辩证的、科学的、有说服力的、讨论的方法、说理的方法、批评的方法去克服。简单的禁止或压制错误思想的发表是不行的，错误的思想还是依然存在的，而正确的思想如果不经历与错误思想的斗争，那就相当于没经历过风雨的温室里的花朵，毫无免疫力和抵抗力，也不会被大多数人认可。"只有采取讨论的方法，批评的方法，说理的方法，才能真正发展正确的意见，克服错误的意见，才能真正解决问题。"[2]

毛泽东着重指出，解决思想文化领域中人民内部矛盾，要摒弃那些简单粗暴的手段，应该允许用学术的观点和民主讨论的方法来解决，"百花齐放、百家争鸣"的双百方针，是解决

---

[1]《毛泽东文集》第 7 卷，人民出版社 1999 年版，第 231 页。
[2]《毛泽东文集》第 7 卷，人民出版社 1999 年版，第 232 页。

《关于正确处理人民内部矛盾的问题》精学导读

思想文化领域中人民内部矛盾的基本方针，凝结着中国共产党对新的历史条件下思想文化领域内新形势认识的历史经验。1952年，毛泽东在为中国戏曲研究院成立的题词中，第一次提出了"百花齐放、推陈出新"。1953年，毛泽东针对历史研究领域出现的分歧和争论，又提出要实现"百家争鸣"。1956年4月28日，在主持中共中央政治局（扩大）会议的总结讲话中，毛泽东谈到："艺术问题上的百花齐放，学术问题上的百家争鸣，我看这个应该成为我们的方针。'百花齐放'是群众提出来的，人们要我题词，我就写了'百花齐放，推陈出新'。'百家争鸣'……讲学术，这种学术可以讲，那种学术也可以讲，不要拿一种学术压倒一切。"① 在随后5月2日主持召开的最高国务会议第七次会议上，毛泽东又一次谈到"百花齐放、百家争鸣"方针，他说："在艺术方面的百花齐放的方针，学术方面的百家争鸣的方针，是有必要的……一百种花都让它开放，不要只让几种花开放，还有几种花不让它开放，这就叫百花齐放。百家争鸣，是说春秋战国时代，有许多学派，诸子百家，大家自由讨论。现在我们也需要这个。"② 到了《关于正确处理人民内部矛盾的问题》中，毛泽东总结指出的"百花齐放、百家争鸣"方针，"是根据中国的具体情况提出来的，是在承认社会主义社

---

① 中共中央文献研究室编：《毛泽东年谱（1949—1976）》第2卷，中央文献出版社2013年版，第570—571页。

② 中共中央文献研究室编：《毛泽东年谱（1949—1976）》第2卷，中央文献出版社2013年版，第574页。

第四章 人民内部矛盾的主要表现与处理方法

会仍然存在着各种矛盾的基础上提出来的,是在国家需要迅速发展经济和文化的迫切要求上提出来的。百花齐放、百家争鸣的方针,是促进艺术发展和科学进步的方针,是促进我国的社会主义文化繁荣的方针"①。

需要注意的是,毛泽东还谈到了"百花齐放、百家争鸣"方针与马克思主义指导思想的关系。马克思主义在我国已经是被大多数人认可的指导思想,那是否能对它加以批评呢?毛泽东肯定地指出,当然可以。马克思主义是无产阶级的世界观和方法论,是被历史和实践所证明的科学真理,它是不怕批评的。"如果马克思主义害怕批评,如果可以批评倒,那末马克思主义就没有用了。"②同批评马克思主义的声音作斗争,就好比种牛痘,经过牛痘疫苗的作用,免疫力就增强了。马克思主义者不但不应该害怕批评,还应该在人们的批评中间,不断地锻炼自己,发展自己,扩大自己的阵地,"实行百花齐放、百家争鸣的方针,并不会削弱马克思主义在思想界的领导地位,相反地正是会加强它的这种地位"③。而坚持马克思主义的指导,又能引导不同的主题、形式、风格的思想和观点沿着社会主义的方向发展,能始终保证"百花齐放、百家争鸣"方针的正确方向,摒弃腐朽落后的思想文化的影响,创造出进步的、积极的社会主义思想文化。因此,"百花齐放、百家争鸣"这个口

---

① 《毛泽东文集》第 7 卷,人民出版社 1999 年版,第 229 页。
② 《毛泽东文集》第 7 卷,人民出版社 1999 年版,第 231 页。
③ 《毛泽东文集》第 7 卷,人民出版社 1999 年版,第 232 页。

号从字面看虽然是没有阶级性的，无产阶级和资产阶级都可以利用它们，但在社会主义条件下，"百花齐放、百家争鸣"方针必须在马克思主义的范导下进行。那么，在"百花齐放、百家争鸣"方针指导下，我们应以什么标准来辨别"香花"和"毒草"？如何来判断我们的言论和行动的是非呢？"我们以为，根据我国的宪法的原则，根据我国最大多数人民的意志和我国各党派历次宣布的共同的政治主张，这种标准可以大致规定如下：（一）有利于团结全国各族人民，而不是分裂人民；（二）有利于社会主义改造和社会主义建设，而不是不利于社会主义改造和社会主义建设；（三）有利于巩固人民民主专政，而不是破坏或者削弱这个专政；（四）有利于巩固民主集中制，而不是破坏或者削弱这个制度；（五）有利于巩固共产党的领导，而不是摆脱或者削弱这种领导；（六）有利于社会主义的国际团结和全世界爱好和平人民的国际团结，而不是有损于这些团结。"①在这六条标准中，社会主义道路、党的领导是最为重要和最为核心的两条标准。这些政治标准是人们鉴别和区分"香花"与"毒草"的基本依据。提出这些标准，是为了帮助人们发展对于各种问题的讨论，而不是为了妨碍这种讨论。不赞成这些标准的人仍然可以发表自己的言论，但是有了这些标准，就能使绝大多数人的"批评和自我批评沿着正确的轨道前进，就可以用这些标准去鉴别人们的言论行动是否正确，究竟是香

---

① 《毛泽东文集》第 7 卷，人民出版社 1999 年版，第 233—234 页。

第四章 人民内部矛盾的主要表现与处理方法

花还是毒草"①。有错误就得批判，有"毒草"就得进行斗争。但是，我们的这种批评不应该是教条主义的，不应当用形而上学的方法，而应当用辩证的方法，"要有科学的分析，要有充分的说服力。教条主义的批评不能解决问题。我们是反对一切毒草的，但是我们必须谨慎地辨别什么是真的毒草，什么是真的香花。我们要同群众一起来学会谨慎地辨别香花和毒草，并且一起来用正确的方法同毒草作斗争"②。

坚持用民主的、讨论的方法，坚持"百花齐放、百家争鸣"的方针来处理思想文化领域内的人民内部矛盾，其影响是重大深远的。正如薄一波回忆的：当我们党提出和实行"百花齐放、百家争鸣"方针时，知识分子可以说是一片衷心的拥护，兴高采烈，积极性高涨，学术探讨氛围也很浓厚。在那种情况下，比较容易出成果、出人才。③殊为可惜的是，随着反右派斗争扩大化，"百花齐放、百家争鸣"方针被严重扭曲，甚至一度与其提出的发展和繁荣科学文化艺术的初衷相违背，造成了重大损失。

---

① 《毛泽东文集》第 7 卷，人民出版社 1999 年版，第 234 页。
② 《毛泽东文集》第 7 卷，人民出版社 1999 年版，第 233 页。
③ 薄一波：《若干重大决策与事件的回顾》上卷，中共中央党校出版社 1991 年版，第 518 页。

第五章 "我们如何帮助他们适应新社会"

一、民主党派

毛泽东在《关于正确处理人民内部矛盾的问题》中，在谈到正确认识和处理中国共产党和民主党派之间的矛盾时，对社会主义条件下的民主党派提出了殷切希望："我们希望各民主党派都能注意思想改造，争取和共产党一道长期共存，互相监督，以适应新社会的需要。"①民主党派如何适应新社会，我们如何帮助民主党派适应新社会，毛泽东认为，这也是属于人民内部的一类矛盾。

毛泽东肯定了民主党派与中国共产党的长期合作关系，指出"长期共存、互相监督"这个口号不是突然提出来的，是具体的历史条件的产物，这一思想已经存在很久了。1945年在中共七大上，毛泽东就指出，只要共产党以外的其他任何政党和任何社会集团或个人，对共产党采取合作的而不是敌对的态度，我们是没有理由不和他们合作的。中国在一个长时期内，将产生一个对我们是完全合理和必要的，同时又区别于苏联实质的

---

① 《毛泽东文集》第7卷，人民出版社1999年版，第235页。

第五章 "我们如何帮助他们适应新社会"

特殊形态,"即几个民主阶级联盟的新民主主义的国家形态和政权形态"①。中华人民共和国成立时,《中国人民政治协商会议共同纲领》将共产党领导的多党合作和政治协商制度确立为一项基本政治制度。社会主义改造完成后,中国社会实现了由新民主主义向社会主义的过渡。毛泽东高瞻远瞩地指出:"究竟是一个党好,还是几个党好?现在看来,恐怕是几个党好。不但过去如此,而且将来也可以如此,就是长期共存,互相监督。"②在《关于正确处理人民内部矛盾的问题》中,毛泽东强调:"为什么要让民主党派监督共产党呢?这是因为一个党同一个人一样,耳边很需要听到不同的声音。大家知道,主要监督共产党的是劳动人民和党员群众。但是有了民主党派,对我们更为有益。"③

那么,民主党派该如何适应新社会呢?毛泽东指出,民主党派在新社会能否适应,或者说能否长期存在下去,这不是由我们党方面的愿望决定的,"还要看各民主党派自己的表现,要看它们是否取得人民的信任"④。首先,民主党派可以监督共产党,各党派互相监督,也是早已经存在的事实。民主党派可以向共产党提意见、作批评,以帮助共产党更好地领导社会主义建设事业。其次,民主党派向共产党提意见、作批评,对

---

① 《毛泽东选集》第3卷,人民出版社1991年版,第1062页。
② 《毛泽东文集》第7卷,人民出版社1991年版,第34页。
③ 《毛泽东文集》第7卷,人民出版社1991年版,第235页。
④ 《毛泽东文集》第7卷,人民出版社1991年版,第235页。

《关于正确处理人民内部矛盾的问题》精学导读

社会主义建设过程中的各方面提意见、作批评,不是无方向、无原则的批评,其提意见和作批评的出发点与根本目的是要有利于团结各族人民而不是分裂人民;是要有利于社会主义改造和社会主义建设,而不是不利于社会主义改造和社会主义建设;是要有利于巩固人民民主专政和民主集中制,而不是蓄意去破坏和削弱这个专政与制度;是要有利于巩固共产党的领导,而不是摆脱和削弱这种领导;是要有利于社会主义的国际团结和全世界爱好和平人民的国际团结,而不是损害这种团结。也就是说,民主党派在提意见、作批评时要符合这六个有利于的标准,最重要的是要巩固共产党的领导和符合社会主义的发展方向,否则就属于错误意见和错误批评,不值得提倡。最后,民主党派人士还要自觉地通过学习和实践,不断改造自己的思想,摆脱腐朽落后的思想和不利于共产党领导与社会主义发展的倾向,使自身在不脱离人民群众的情况下尽快融入社会主义发展的大潮中。

我们如何帮助民主党派适应新社会呢?毛泽东指出,首先我们要明确中国共产党和民主党派长期共存的方针。我们强调让资产阶级和小资产阶级的民主党派与工人阶级的政党长期共存,"是因为凡属一切确实致力于团结人民从事社会主义事业的、得到人民信任的党派,我们没有理由不对它们采取长期共存的方针"①。只要肯真正为人民效力,在人民有困难的时候

---

① 《毛泽东文集》第7卷,人民出版社1999年版,第235页。

第五章 "我们如何帮助他们适应新社会"

确实帮忙,做好事,并且一贯地做下去,并不是半途而废,那么,人民和人民的政府有什么理由不要他们呢?是没有理由不给他们生活的机会和效力的机会的。这是帮助民主党派适应新社会的政治基础。其次,我们也要监督民主党派。民主党派有了错误,有了不足,我们也要提意见、作批评。"所谓互相监督,当然不是单方面的,共产党可以监督民主党派,民主党派也可以监督共产党。"①与民主党派监督共产党可以帮助共产党一个道理,共产党监督民主党派,对民主党派的发展也是有益的。最后,民主党派有了错误思想和错误认识怎么办?毛泽东指出:"资产阶级、小资产阶级,他们的思想意识是一定要反映出来的。一定要在政治问题和思想问题上,用各种办法顽强地表现他们自己。要他们不反映不表现,是不可能的。"②我们不应当用强迫和压制的办法不让他们表现,而应当让他们表现。他们所反映和表现出来的思想观点,如果符合这六个有利于的标准,有利于巩固共产党的领导和社会主义的发展方向,我们欢迎。如果他们的思想观点有缺点、有错误,甚至不符合这六个有利于的标准,反对或者企图削弱人民民主专政和共产党的领导,反对或者企图削弱社会主义改造和社会主义建设,我们就既不能对他们的缺点或错误采取姑息、迁就的态度,也不能采取关门主义或者敷衍了事的态度,而是应当从团结的愿

---

① 《毛泽东文集》第 7 卷,人民出版社 1999 年版,第 235 页。
② 《毛泽东文集》第 7 卷,人民出版社 1999 年版,第 232 页。

《关于正确处理人民内部矛盾的问题》精学导读

望出发,对他们的这些缺点和错误进行批判与斗争,"毫无疑问,我们应当批判各种各样的错误思想。不加批评,看着错误思想到处泛滥,任凭它们去占领市场,当然不行"①。当然,这种批评不是教条主义的,也不是形而上学的,而是辩证的科学分析,是有说服力的批评,以此来发挥我们对他们监督的积极作用,以此来帮助他改正错误观念,适应新社会发展的需要。

二、知 识 分 子

毛泽东在《关于正确处理人民内部矛盾的问题》中指出,过去为旧社会服务的几百万知识分子,现在转到为新社会服务,"这里就存在着他们如何适应新社会需要和我们如何帮助他们适应新社会需要的问题。这也是人民内部的一个矛盾"②。

在中国人民解放战争赢得胜利的前夕,毛泽东在描绘新中国宏伟蓝图,确定新中国大政方针的中共七届二中全会上就指出,革命知识分子是新中国的领导力量和基础力量,"无产阶级领导的以工农联盟为基础的人民民主专政,要求我们党去认真地团结全体工人阶级、全体农民阶级和广大的革命知识分子,这些是这个专政的领导力量和基础力量。没有这种团结,这个专政就不能巩固"③。除了革命知识分子,也要去团结尽可能

---

① 《毛泽东文集》第 7 卷,人民出版社 1999 年版,第 232—233 页。
② 《毛泽东文集》第 7 卷,人民出版社 1999 年版,第 224 页。
③ 《毛泽东选集》第 4 卷,人民出版社 1991 年版,第 1436—1437 页。

第五章 "我们如何帮助他们适应新社会"

多的"能够同我们合作的城市小资产阶级和民族资产阶级的代表人物,它们的知识分子和政治派别"①,以便在革命时期孤立反革命势力,彻底地打倒反革命势力和帝国主义势力,在革命胜利以后,迅速地恢复和发展生产,把中国建设成为一个伟大的社会主义国家。在中共七届三中全会上,毛泽东又指出,要有计划、有步骤地对旧社会学校教育事业和社会文化事业进行改造,争取一切爱国的知识分子阶层为社会主义事业服务,并且要把争取知识分子作为中国共产党在国民经济恢复时期的重要任务之一。为了调动旧社会的知识分子进行社会主义建设的积极性,这一时期党对旧社会的知识分子采取了"包下来"的政策,在政治上承认大部分知识分子的社会地位,在经济上给予了较为优厚的待遇,给以绝大多数知识分子适当的工作,为失业者安排工作等。随着社会主义改造的推进,毛泽东提出要对知识分子采取"团结、教育、改造"的政策,并在全党范围内开展知识分子思想改造运动,促进知识分子的思想转变。

1956年,中共中央召开关于知识分子问题的会议上,周恩来代表中央在报告中指出,我国的知识分子是工人阶级的一部分,已经发展成一支很大的队伍,随着我国建设事业的发展,知识分子队伍还要不断扩大,以满足社会主义建设的迫切需要,我们在知识分子问题上,既要反对低估知识分子在政治上和业务上的进步,低估他们在我国社会主义建设事业中的重大作用

---

① 《毛泽东选集》第4卷,人民出版社1991年版,第1437页。

《关于正确处理人民内部矛盾的问题》精学导读

的倾向,又要反对看不到他们的缺点,对他们估计过高,或者不加区别的盲目信任,不去对他们进行教育和改造的倾向,"我们所应该采取的唯一正确的方针,就是为了使我国的社会主义建设事业进行得又多、又快、又好、又省,必须尽一切努力最充分地动员和发挥知识分子的现有力量,同时尽一切努力尽可能迅速地给以进一步的改造、扩大和提高,使这种改造、扩大和提高的速度和规模能够真正符合我们国家的各方面伟大发展的巨人式的步伐"①。

  为了帮助知识分子尽快地改造、提高并适应新社会,毛泽东在《关于正确处理人民内部矛盾的问题》中首先对知识分子的总体状况进行了估计:"我国知识分子的大多数,在过去七年中已经有了显著的进步。他们表示赞成社会主义制度。他们中间有许多人正在用功学习马克思主义,有一部分人已经成为共产主义者。这部分人虽然还是少数,但是正在逐渐增多。当然,知识分子中间也有一些人现在仍然怀疑或者不同意社会主义,这部分人只占少数。"②毛泽东的这一判断,肯定了大多数知识分子是赞成社会主义制度,是积极进步的,知识分子问题是属于人民内部矛盾范围的,这就从性质上对知识分子问题进行了正确的界定。其次,毛泽东从地位和作用上肯定了知识分子的重要价值。我国的社会主义建设事业是一项艰巨的事业,需

---

  ① 《周恩来选集》下卷,人民出版社 1984 年版,第 167 页。
  ② 《毛泽东文集》第 7 卷,人民出版社 1999 年版,第 224—225 页。

第五章 "我们如何帮助他们适应新社会"

要尽可能多的知识分子为它服务。因此，凡是真正愿意为社会主义事业服务，为人民的事业服务的知识分子，我们都应当给予信任，去团结他们，从根本上改善与他们的关系，去帮助他们解决生活中、工作中等遇到的各种必须解决的问题，以使他们更充分地发挥聪明才智。不仅如此，我们还应当尊重他们的劳动，尊重他们的工作，对他们的工作和劳动，特别是科学文化工作，不做不适当的干预，给予他们劳动中的自由和创作上的空间。再次，在帮助知识分子改造和教育的过程中，我们要注意方法，避免做法上的粗糙，以免伤到人，世界观的转变是一个长时间的过程，不能操之过急，如总会有一些人不愿意接受马克思主义，不愿意接受共产主义，对这些人不要苛求，只要他们服从国家的要求，从事正常的劳动，我们就应当给予他们适当工作的机会。最后，在对知识分子和青年学生改造与教育的过程中，要特别加强思想政治教育，教育他们学习马克思主义，学习时事政治，共产党、青年团、政府主管部门等每个部门都要管，都要加强思想政治工作，"使受教育者在德育、智育、体育几方面都得到发展，成为有社会主义觉悟的有文化的劳动者"[①]。不仅要加强马克思主义的教育，还应该加强勤俭建国和节约的教育，社会主义制度的建立给我们开辟了一条通达理想境界的道路，而理想境界的实现还需要靠我们双手的辛勤劳动，"要使全体青年们懂得，我们的国家现在还是一个

---

①《毛泽东文集》第7卷，人民出版社1999年版，第226页。

《关于正确处理人民内部矛盾的问题》精学导读

很穷的国家,并且不可能在短时间内根本改变这种状态,全靠青年和全体人民在几十年时间内,团结奋斗,用自己的双手创造出一个富强的国家"[1]。

对广大知识分子自身而言,决不可自满,要学会团结工人与农民,在实践中不断地改造自己的主观世界,除旧布新,逐步地树立起与广大劳动人民的根本利益相一致的无产阶级世界观。"为了充分适应新社会的需要,为了同工人农民团结一致,知识分子必须继续改造自己,逐步地抛弃资产阶级的世界观而树立无产阶级的、共产主义的世界观。"[2]世界观的转变是一种根本性的转变,不可能一蹴而就,要在自己的工作和学习中,逐步地树立共产主义的世界观,逐步地学习、学好马克思主义,逐步地同工人、农民打成一片,在学习和工作中与工人、农民紧密团结起来,不要中途停顿,更不要向后倒退,倒退是没有出路的。而我国社会主义制度的基本确立和资产阶级思想的经济基础的消灭,又为知识分子的这种转变和学习创造了客观上的条件与可能。

三、少数民族

我国是统一的多民族国家,各少数民族都为中华民族的团

---

[1]《毛泽东文集》第7卷,人民出版社1999年版,第226页。
[2]《毛泽东文集》第7卷,人民出版社1999年版,第225页。

第五章 "我们如何帮助他们适应新社会"

结、统一、繁荣作出了巨大贡献。正如毛泽东在《关于正确处理人民矛盾的问题》中指出的,少数民族在我国有三千多万人,虽然只占全国总人口的百分之六,人口上不占优势,但是居住面积广大,占到了全国总面积的约百分之五十到百分之六十,所以处理好民族问题,帮助少数民族尽快适应新社会,处理好汉族和少数民族的关系至关重要。

事实上,造成民族问题的因素有很多。除了国外势力的干预,国内因素也不容忽视。正如毛泽东指出的:"历史上的反动统治者,主要是汉族的反动统治者,曾经在我们各民族中间制造种种隔阂,欺负少数民族。"[①]再加上中国传统文化中"华夷"等观念的影响,一些汉族干部在思想认识上对汉族与少数民族的关系理解存在一些错误倾向。毛泽东认为,当前在民族关系问题上,主要存在两种错误倾向,一种是大汉族主义,另一种是地方民族主义,这两种倾向是影响民族关系和民族工作的主要危险。

如何解决影响民族关系和民族工作的矛盾,帮助少数民族尽快适应新社会。毛泽东在《关于正确处理人民内部矛盾的问题》中,首先将大汉族主义和地方民族主义定性为人民内部矛盾,而非敌我矛盾,提倡用解决人民内部矛盾的方法和原则来解决。他强调:"无论是大汉族主义或者地方民族主义,都不利于各族人民的团结,这是应当克服的一种人民内部矛盾。"[②]其次,应当

[①]《毛泽东文集》第 7 卷,人民出版社 1999 年版,第 33—34 页。
[②]《毛泽东文集》第 7 卷,人民出版社 1999 年版,第 227 页。

《关于正确处理人民内部矛盾的问题》精学导读

努力克服大汉族主义和地方民族主义。中华人民共和国成立之初,毛泽东就强调在民族工作中要防止大汉族主义和地方民族主义,特别是要防止大汉族主义的问题,"必须深刻批评我们党内在很多党员和干部中存在着的严重的大汉族主义思想"[①]。1953年,他在审阅中央关于批判大汉族主义思想的指示中指出,大汉族主义实质上是地主阶级和资产阶级在民族关系上表现出来的反动思想。"二三年来在各地所发现的问题,都证明大汉族主义几乎到处存在。如果我们现在不抓紧时机进行教育,坚决克服党内和人民中的大汉族主义,那是很危险的。"[②]为了克服大汉族主义,我们一是态度上不能粗暴,要派出懂民族政策、对仍然被歧视受痛苦的少数民族同胞怀抱着满腔同情心的同志,认真调查研究,帮助当地党政组织发现问题和解决问题。二是我们的党员干部要和少数民族兄弟建立兄弟般的关系,要尊重少数民族的语言文字和风俗习惯,避免伤及少数民族的感情,要帮助他们发展经济建设和文化建设。要使我们的党员干部明白,我们帮助少数民族,帮助他们发展经济建设和文化建设,并不是恩赐,"汉人为了自己民族而做好少数民族工作,少数民族也为了自己民族而团结汉人"[③]。三

---

① 中共中央文献研究室、国家民族事务委员会编:《毛泽东民族工作文选》,中央文献出版社2014年版,第180页。
② 中共中央文献研究室、国家民族事务委员会编:《毛泽东民族工作文选》,中央文献出版社2014年版,第180页。
③ 中共中央文献研究室、国家民族事务委员会编:《毛泽东民族工作文选》,中央文献出版社2014年版,第183页。

第五章 "我们如何帮助他们适应新社会"

是要对我们的党员干部进行教育,"在许多地方的党内和人民中,在民族关系上存在的问题,并不是什么大汉族主义的残余的问题,而是严重的大汉族主义的问题,即资产阶级思想统治着这些同志和人民而尚未获得马克思主义教育、尚未学好中央民族政策的问题,故须进行认真的教育,以期一步一步地解决这个问题"①。同时,也要培养大批少数民族的干部,我们的党员干部必须明白,要彻底地解决民族问题,"没有大批从少数民族出身的共产主义干部,是不可能的……我们一定要帮助少数民族训练他们自己的干部,团结少数民族的广大群众"②。经过几年的努力工作,民族关系的情况有所好转,所以毛泽东在《关于正确处理人民内部矛盾的问题》中总结说:"我们已经做了一些工作,在大多数少数民族地区民族关系比较从前大有改进"③,但并不是说问题就完全解决了,大汉族主义和地方民族主义就不存在了,"在一部分地区,大汉族主义和地方民族主义都还严重地存在,必须给以足够的注意"④。再次,对于少数民族地区的社会改革,要谨慎对待,应该有步骤地推进,不能性急。1950 年,在中共七届三中全会上,毛泽东指出:"少数民族地区的社会改革,是一件重大的事情,必须谨

---

① 中共中央文献研究室、国家民族事务委员会编:《毛泽东民族工作文选》,中央文献出版社 2014 年版,第 180 页。
② 中共中央文献研究室、国家民族事务委员会编:《毛泽东民族工作文选》,中央文献出版社 2014 年版,第 50—69 页。
③《毛泽东文集》第 7 卷,人民出版社 1999 年版,第 227 页。
④《毛泽东文集》第 7 卷,人民出版社 1999 年版,第 227 页。

《关于正确处理人民内部矛盾的问题》精学导读

慎对待。"①条件不成熟，不能进行改革，一个条件成熟了，其他条件不成熟，也不能进行重大的改革。我们无论如何不能急躁，性急了可能会出大问题。当然，这不是说不要改革，少数民族地区的风俗习惯是可以改革的，但是这种改革必须由少数民族自己来进行。"没有群众条件，没有人民武装，没有少数民族自己的干部，就不要进行任何带群众性的改革工作。"②在这一思想的指导下，经过各族人民几年的努力，在没有发生重大社会问题的前提下，我国少数民族地区绝大部分都已经基本上完成了民主改革和社会主义改造的伟大任务。在《关于正确处理人民内部矛盾的问题》中，毛泽东进一步深化了这一思想，他针对西藏的改革问题强调，社会制度的改革必须实行，但是什么时候实行，要由"大多数人民群众和领袖人物认为可行的时候，才能作出决定，不能性急……是否进行改革，要到那时看情况才能决定"③。

对于少数民族自身而言，则主要是克服狭隘的地方民族主义。毛泽东认为，少数民族中间会发生狭隘的民族主义，是要反对的，但是首先的、主要的是反对大汉族主义，"只要汉族同志态度正确，对待少数民族确实公道，在民族政策上、民族

---

① 中共中央文献研究室、国家民族事务委员会编：《毛泽东民族工作文选》，中央文献出版社2014年版，第69页。
② 中共中央文献研究室、国家民族事务委员会编：《毛泽东民族工作文选》，中央文献出版社2014年版，第69页。
③《毛泽东文集》第7卷，人民出版社1999年版，第227页。

第五章 "我们如何帮助他们适应新社会"

关系的立场上完全是马克思主义的,不是资产阶级的观点,就是说,没有大汉族主义,那末,少数民族中间的狭隘民族主义观点是比较容易克服的"①。其次,少数民族加入了中华民族这个大家庭,就是这个大家庭中的一员,要与汉族互相帮助。汉族帮助了少数民族,少数民族也帮助了汉族,"少数民族在政治上、经济上、国防上、都对整个国家、整个中华民族有很大的帮助"②。汉族和少数民族要互相帮助,而不能有什么隔阂,有什么民族秘密,"民族秘密实际上是宗派主义……就是汉族一堆,少数民族一堆,应该让知道的事不让他们知道,这就无法取得信任,无法团结……老是两条心,是不能解决问题的"③。最后,汉族和少数民族也要互相学习。汉族和少数民族都在自己的历史上创造了丰富灿烂的文化,都对中华文明有着重要贡献,都有值得学习的地方。少数民族在保持本民族的语言风俗习惯和传统的同时,可以学习汉族的一些语言文化等,以利于交往,减少矛盾。例如,"在少数民族地区工作的汉族干部,必须学当地民族的语言。少数民族的干部,也应当学习汉语"④。

---

① 中共中央文献研究室、国家民族事务委员会编:《毛泽东民族工作文选》,中央文献出版社 2014 年版,第 222 页。

② 中共中央文献研究室、国家民族事务委员会编:《毛泽东民族工作文选》,中央文献出版社 2014 年版,第 220 页。

③ 中共中央文献研究室、国家民族事务委员会编:《毛泽东民族工作文选》,中央文献出版社 2014 年版,第 185 页。

④ 中共中央文献研究室、国家民族事务委员会编:《毛泽东民族工作文选》,中央文献出版社 2014 年版,第 272 页。

《关于正确处理人民内部矛盾的问题》精学导读

四、少数闹事群众

1956年,在个别地方发生了少数工人、学生罢工罢课的事件,还有一些地方出现了少数合作社社员闹退社的事件。其中的原因,既有国际方面的,也有国内方面的。对于这些闹事事件如何看待,如何引导这些闹事群众不闹事,这些问题成为摆在毛泽东和中共中央面前亟待解决的新课题,也成为毛泽东在《关于正确处理人民内部矛盾的问题》中重点分析的问题之一。

毛泽东运用马克思主义的矛盾普遍性原理指出,那些认为社会主义社会没有矛盾的想法是天真烂漫的想法。社会主义社会充满矛盾,如工人阶级内部的矛盾、农民阶级内部的矛盾、知识分子内部的矛盾、工农两个阶级之间的矛盾等。少数人闹事,就是社会主义社会的矛盾。1957年1月27日,毛泽东在省区市党委书记会议上指出,在社会主义社会里,少数人闹事,是个新问题。发生少数人闹事,"基本原因就在于社会上仍然有各种对立面——正面和反面,仍然有对立的阶级,对立的人们,对立的意见"[①]。对闹事又怕,又简单处理,根本上的原因就是思想上不承认社会主义社会是对立统一的,是存在矛盾、阶级和阶级斗争的。毛泽东对少数人闹事进行定性时说,革命

---

① 中共中央文献研究室编:《毛泽东年谱(1949—1976)》第3卷,中央文献出版社2013年版,第70页。

第五章 "我们如何帮助他们适应新社会"

时期集中主要力量都去对付阶级斗争去了,所以人民内部斗争很少,现在是建设时期,"剩下一部分阶级斗争,大量表现的是人民内部的矛盾。当前的少数人闹事就反映了这种状况"①。因此,我们要正确对待少数人闹事这种人民内部矛盾,"应当采取积极态度,不应当采取消极态度,就是说不怕,要准备着"②。当然,我们是不赞成闹事的,毛泽东在《关于正确处理人民内部矛盾的问题》中指出:"因为人民内部的矛盾可以用'团结—批评—团结'的方法去解决,而闹事总会要造成一些损失,不利于社会主义事业的发展。"③而我国广大的人民群众是拥护社会主义的,他们守纪律、讲道理,绝不无故闹事,故意闹事的反革命分子和坏分子只是极少数。但这并不表示,我国已经没有发生群众闹事的可能性了,而是仍然存在发生闹事的可能性。

分析少数人闹事的原因,毛泽东指出,一方面直接的原因,是这些人有一些物质上的要求没有得到满足。而这些要求,有些是应当和可能解决的,有些是不适当和要求过高的,或者一时还不能解决的。所以,毛泽东提出要注意改善群众生活,满足群众的物质要求,减少就业困难、收入减少、生活水平下降

---

① 中共中央文献研究室编:《毛泽东年谱(1949—1976)》第3卷,中央文献出版社2013年版,第71页。
② 中共中央文献研究室编:《毛泽东年谱(1949—1976)》第3卷,中央文献出版社2013年版,第70页。
③《毛泽东文集》第7卷,人民出版社1999年版,第236页。

《关于正确处理人民内部矛盾的问题》精学导读

等困难。为此,要统筹兼顾好国家、集体和个人三方面的利益,统筹好重工业、轻工业和工业的关系,兼顾好公私两方面等,保证广大人民群众最根本的物质利益,杜绝人民群众因物质利益方面闹事的可能性。

另一方面,毛泽东强调:"发生闹事的更重要的因素,还是领导上的官僚主义。"[1]此外,还有领导上的主观主义、政治或经济方面的政策上犯了错误、工作方法不对等,都是发生闹事的原因。1956年11月15日,毛泽东在中共八届二中全会上针对那些一遇到人民群众不满,就习惯用革命战争时期对付敌人的办法对待人民群众的领导干部,一针见血地批评指出:"现在,有这么一种空气,有相当这样的人,好像得了天下,就高枕无忧,可以横行霸道了"[2],还在用老的办法对待新的问题,动不动就想用武力去解决,这是非常危险的,必须坚决地纠正,"我们一定要警惕,不要滋长官僚主义作风,不要形成一个脱离人民的贵族阶层。谁犯了官僚主义,不去解决群众的问题,骂群众,压群众,总是不改,群众就有理由把他革掉"[3]。如果掌握国家命运的几十万干部脱离了群众,不俯下身去深入了解群众的问题,而是仰起头远离甚至是欺压群众,那就应该

---

[1]《毛泽东文集》第7卷,人民出版社1999年版,第236页。

[2] 薄一波:《若干重大决策与事件的回顾》下卷,中共中央党校出版社1993年版,第571页。

[3] 中共中央文献研究室编:《毛泽东年谱(1949—1976)》第3卷,中央文献出版社2013年版,第34页。

第五章 "我们如何帮助他们适应新社会"

被打倒。因此,1957年进行整风运动时,毛泽东强调:"以后凡是人民内部的事情,党内的事情,都要用整风的方法,用批评和自我批评的方法来解决,而不是用武力来解决。我们主张和风细雨,真正达到治病救人的目的。也就是从团结的愿望出发,经过批评和自我批评,在新的基础上达到新的团结。"①刘少奇在分析了闹事的原因后也指出:"总起来讲,领导机关的官僚主义是引起闹事的原因。"②我们的一些领导干部,"没有闹起来时不理,闹起来以后又惊慌失措,一惊慌失措就采取压制的办法。这是不能解决问题的"③。他还进一步批评了站在人民之上、只分清群众是非而不分清领导上的是非、以力服人而不是以理服人等错误观点。此外,毛泽东还提到,如果由于我们的工作做得不好,无法避免地发生了闹事现象,那就应当把闹事的群众引向正确的道路,同时,"利用闹事来作为改善工作、教育干部和群众的一种特殊的手段,解决平日所没有解决的问题"④。在处理闹事的过程中,我们应当进行细致的工作,而不能用简单的方法去处理,要细心地查找引起闹事的原因,发现我们工作中存在的不足,而不要"草率收兵"。毛泽东坦言:"在我们这样大的国家里,有少数人闹事,并不值

---

① 中共中央文献研究室编:《毛泽东年谱(1949—1976)》第3卷,中央文献出版社2013年版,第34页。
② 《刘少奇选集》下卷,人民出版社1985年版,第306页。
③ 《刘少奇选集》下卷,人民出版社1985年版,第307页。
④ 《毛泽东文集》第7卷,人民出版社1999年版,第237页。

《关于正确处理人民内部矛盾的问题》精学导读

得大惊小怪，倒是足以帮助我们克服官僚主义。"①毛泽东还进一步指出，官僚主义从根本上来说是脱离群众，没有走群众路线，他一针见血地指出："所谓正确处理人民内部矛盾问题，就是我党从来经常说的走群众路线的问题。共产党员要善于同群众商量办事，任何时候也不要离开群众。党群关系好比鱼水关系。如果党群关系搞不好，社会主义制度就不可能建成；社会主义制度建成了，也不可能巩固。"②

毛泽东还指出，少数群众闹事，还有另一个原因，就是"对于工人、学生缺乏思想政治教育"③。毛泽东谈到，有些群众往往只注意到了当前的、局部的、个人的利益，而忽视了或者是不了解长远的、全国性的、集体的利益。一些青年人也缺乏政治经验和社会生活方面的经验，不善于去把旧中国同新中国加以比较，不明白旧中国和新中国人民群众的生活状况，对我国人民群众历经千辛万苦、浴血奋战才摆脱的帝国主义和国民党反动派的压迫没有深切的了解，对要建立一个美好的社会主义社会需要经过长时间的辛勤艰苦的劳动也缺乏深入认识，所以在言行上容易冲动。毛泽东提出，我们广大人民群众是拥护社会主义的，他们绝大多数都守纪律讲道理，决不会无故闹事，我们"需要在群众中间经常进行生动的、切实的政治教育，并

---

① 《毛泽东文集》第 7 卷，人民出版社 1999 年版，第 237 页。
② 中共中央文献研究室编：《建国以来毛泽东文稿》第 6 册，中央文献出版社 1992 年版，第 547 页。
③ 《毛泽东文集》第 7 卷，人民出版社 1999 年版，第 236 页。

第五章 "我们如何帮助他们适应新社会"

且应当经常把发生的困难向他们作真实的说明,和他们一起研究如何解决困难的办法"①。刘少奇在研究了一些地方的群众闹事事件的原因后也认为:"如果我们能够及时地加强政治思想教育,解决这些问题,是不会发生闹事的。"②需要注意的是,教育群众不是整群众,不是批评群众而不作自我批评,不要让群众有很大的反感。如何加强思想政治教育,也要改善方法。例如,对于闹事的带头人物,除了那些违犯刑法的分子和现行反革命分子应当法办以外,不应当轻易开除,而应该将他们留下,在工作和学习中不怕麻烦地教育他们。而对于那些不顾公共利益、蛮不讲理、行凶犯法的人,如果他们利用和歪曲我们的方针,煽动群众故意造谣生事,破坏社会秩序,则必须给予法律的制裁。

此外,毛泽东还谈到,我们要辩证地看待问题,"不但要看到事物的正面,也要看到它的反面。在一定的条件下,坏的东西可以引出好的结果,好的东西也可以引出坏的结果"③。所以,对国内、国际方面的各种社会矛盾、各种"乱子"、少数群众闹事等,要看到其二重性。坏事可以教育和锻炼我们,促使我们总结教训、改进工作,从而将坏事变好事。如果不认真对待,在一定条件下,好事也会变成坏事。我们的任务就是尊重矛盾的基本法则,创造各种转化条件,认真对待,促使坏事变成好事。

---

① 《毛泽东文集》第 7 卷,人民出版社 1999 年版,第 236 页。
② 《刘少奇选集》下卷,人民出版社 1985 年版,第 305 页。
③ 《毛泽东文集》第 7 卷,人民出版社 1999 年版,第 238 页。

第六章 《关于正确处理人民内部矛盾的问题》的传播与影响

一、《关于正确处理人民内部矛盾的问题》的国内刊载情况

《关于正确处理人民内部矛盾的问题》一文，是毛泽东在长时期思考、酝酿、积累的基础上，面对国际共产主义运动复杂的形势和国内出现的一系列问题的背景下而发表的。毛泽东在这篇文章中对 1956 年以来国内外发生的一些重大事件的经验教训作了深刻总结，并创造性地对社会主义的矛盾问题，对社会主义建设的规律性问题作了探索性和战略性的分析，成为国内外分析和解决社会主义社会矛盾及规律问题的指导性文本。

1957 年 2 月 27 日，在最高国务会议第十一次（扩大）会议上，毛泽东向与会的 1800 多人作了题为《如何处理人民内部的矛盾》的讲话。毛泽东的讲话风趣幽默，所讲的内容又是围绕社会主义理论和实践中遇到的大问题展开的，在场的听众都兴致勃勃、深受打动。讲话从下午三点一直持续到晚上近七点。

第六章 《关于正确处理人民内部矛盾的问题》的传播与影响

这次会议后,党内外都希望这篇讲话稿能够有正式文本问世,以便更好地学习和掌握。

毛泽东也认为这一问题对于社会主义建设十分重要。于是,从 1957 年 4 月 24 日开始,毛泽东动手修改关于如何处理人民内部矛盾问题的讲话稿。毛泽东修改用的底本,是胡乔木第二次整理过的会议讲话记录稿。从这一天起,只要没有重大活动,他就专心做修改工作。一直到 1957 年 6 月 19 日《人民日报》第 5 版以《关于正确处理人民内部矛盾的问题》为题正式发表,毛泽东在广泛征集意见的基础上前后修改了 13 稿。正式发表稿与原讲话稿的基本内容、框架等保持一致,但比讲话稿在语言和逻辑上更严谨和完善,思想内容方面也更为丰富。虽然正式发表稿在修改过程中受到整风运动和"反右派"斗争的影响,但基本思想内容,特别是关于正确区分和处理两类不同性质矛盾的内容没有变,基本精神和主旨仍保持一致,并贯穿全文。

需要注意的是,毛泽东在 1957 年 2 月 27 日讲话后,先后到了天津、济南、南京、上海等地宣传正确处理人民内部矛盾这一主题,在宣传中也并未中断对这一问题的思考,宣传过程中的一些思考内容后来都补充修改到了正式发表稿中。另外,毛泽东还对《人民日报》《解放日报》等对于《关于正确处理人民内部矛盾的问题》的宣传工作上的滞后性提出了严厉批评。[①] 4 月 19 日,他亲自起草了一份党内指示,要求了解各级干部对正确处

---

① 胡乔木:《胡乔木回忆毛泽东》,人民出版社 1994 年版,第 23 页。

《关于正确处理人民内部矛盾的问题》精学导读

理人民内部矛盾问题的讨论和执行情况。1957年4月26日,他对《大公报》上发表的题为《广泛深入地学习正确处理人民内部矛盾》的社论写了批语:"《大公报》、《中国青年报》的理论水平高于《人民日报》及其他京、津、沪各报,值得深省改进。"①足见其对正确处理人民内部矛盾问题的重视。

《关于正确处理人民内部矛盾的问题》一文在6月19日的《人民日报》公开发表后,全国其他主要报纸也都全文刊载了该文。其后,又出版了单行本和汇编本。据有关资料统计,国内汉文版就有10多种,少数民族文版有20多种,盲文版有4种。②其中,较有代表性的单行本有:1957年6月人民出版社出版的《关于正确处理人民内部矛盾的问题》单行本、1958年9月青海人民出版社出版的《关于正确处理人民内部矛盾的问题》单行本、1957年11月外文出版社出版的《关于正确处理人民内部矛盾的问题》英文单行本、中共中央编译局出版的《关于正确处理人民内部矛盾的问题》俄文单行本、1958年12月文字改革出版社出版的《关于正确处理人民内部矛盾的问题》注音单行本等。较有代表性的汇编本有:1964年2月湖北人民出版社出版的《实践论·矛盾论·关于正确处理人民内部矛盾的问题》、1966年5月人民出版社出版的《新民主主义论·在

---

① 中共中央文献研究室编:《毛泽东年谱(1949—1976)》第3卷,中央文献出版社2013年版,第138页。

② 施金炎主编:《毛泽东著作版本述录与考订》,海南国际新闻出版中心1995年版,第573页。

第六章 《关于正确处理人民内部矛盾的问题》的传播与影响

延安文艺座谈会上的讲话·关于正确处理人民内部矛盾的问题·在中国共产党全国宣传工作会议上的讲话》、1966年9月天津人民出版社出版的《新民主主义论·在延安文艺座谈会上的讲话·关于正确处理人民内部矛盾的问题·在中国共产党全国宣传工作会议上的讲话·关于领导方法的若干问题·党委会的工作方法》等。

此外,各类关于毛泽东著作的选集、专集、文集等也都收录了《关于正确处理人民内部矛盾的问题》一文。1964年,全国上下掀起了学习毛泽东著作的热潮,在此情况下,田家英向中央建议编辑《毛泽东著作选读》甲种本和乙种本,供一般干部和工农青年学习毛泽东思想。1964年6月,由人民出版社编辑出版了《毛泽东著作选读》(甲种本),由中国青年出版社编辑出版了《毛泽东著作选读》(乙种本),甲种本和乙种本中都收录了《关于正确处理人民内部矛盾的问题》一文,不同的是,甲种本收录的是全文,而乙种本收录的则是节选,并以原有的各节小标题如《两类不同性质的矛盾》《知识分子问题》等为标题以便读者阅读。

《关于正确处理人民内部矛盾的问题》还被收录进了1964年11月人民出版社出版的《毛主席的四篇哲学论文》、1966年1月中国人民解放军总参谋部出版的《毛主席的四篇哲学著作》、1970年10月人民出版社出版的《毛主席的五篇哲学著作》等。

"文化大革命"期间,《关于正确处理人民内部矛盾的问题》中的部分内容,被以语录的形式收录进了中国人民解放军

《关于正确处理人民内部矛盾的问题》精学导读

总政治部编印的《毛主席语录》和《最新最高的指示》等。一些非正式出版物如《毛泽东著作选读》（军内版）、《毛泽东思想万岁》等也都收录了《关于正确处理人民内部矛盾的问题》。

1971年，毛泽东在中华人民共和国成立后的著作被香港明报月刊社整理出版为《'毛泽东选集'补遗》，作为《毛泽东选集》的补充，《关于正确处理人民内部矛盾的问题》一文也被收录其中。1977年4月，《关于正确处理人民内部矛盾的问题》被收录进人民出版社出版的《毛泽东选集》第5卷并正式出版。

改革开放以后，1986年8月中共中央文献编辑委员会编辑的《毛泽东著作选读》由人民出版社出版。这本书中收录了《关于正确处理人民内部矛盾的问题》一文，并为其作了题解的修订，指出在讲话公开发表前，反右派斗争已经开始，当时对右派分子向共产党和社会主义制度进攻的形势作了过分严重的估计，在讲话稿的整理过程中加入了强调阶级斗争很激烈、社会主义和资本主义之间谁胜谁负的问题还没有真正解决等这些与原讲话精神不协调的论述。1987—1998年，中央文献出版社出版了《建国以来毛泽东文稿》共13册，其中1992年出版的《建国以来毛泽东文稿》第6册收录了《关于正确处理人民内部矛盾的问题》一文，并对毛泽东的整理修改过程做了较为详细的注解。1999年，历时八年的《毛泽东文集》由人民出版社正式出版，填补了毛泽东在社会主义时期的著作没有文集这个空缺。《毛泽东文集》第7卷收录了《关于正确处理人民内部矛盾的问题》一文，并对这篇文章做了进一步的校对注解和史实考订工作。

第六章 《关于正确处理人民内部矛盾的问题》的传播与影响

二、《关于正确处理人民内部矛盾的问题》的国际传播情况

《关于正确处理人民内部矛盾的问题》发表后,受到了国外各界的普遍关注,在世界范围内引起了强烈反响,特别是一些社会主义国家,对毛泽东的正确处理人民内部矛盾思想进行了热烈的探讨和研究。

实际上,在《关于正确处理人民内部矛盾的问题》正式发表前,国际舆论就已经对人民内部矛盾理论表示出了浓厚的兴趣。毛泽东在2月27日最高国务会议第十一次(扩大)会议上发表讲话后,虽然以《人民日报》为代表的官方媒体没有积极响应,但"讲话"当天下午,德意志通讯社总社就获悉了报告消息,要求该社驻布拉格记者向新华社记者询问报告是否已经发表。3月4日,捷克斯洛伐克《红色权利报》国际部主任梅思纳还向新华社记者表示:"我们对这个报告非常感兴趣,已经电告我们驻北京的记者,要他问问中国方面是否可以取得报告原文。"① 法国新闻社、美国联合通讯社和《泰晤士报》也刊载了关于"讲话"的讯息。由于我国官方媒体没有公布"讲话"具体内容,还引起了国际舆论对"讲话"的误解,认为其

---

① 佚名:《布拉格方面的人士关心毛主席在最高国务会议上的报告》,新华社编《内部参考》1957年4月12日,第2177期。

《关于正确处理人民内部矛盾的问题》精学导读

是继赫鲁晓夫之后的又一"秘密报告"。[①]6 月 19 日,在《人民日报》正式发表这篇文章前,6 月 18 日北京电台就对其进行了全文广播。广播当天,美国联合通讯社、法国新闻社、路透社等就转播了这一消息。[②]6 月 19 日,《人民日报》正式发表《关于正确处理人民内部矛盾的问题》后,苏联《真理报》全文转载该文,苏联的其他几家重要报刊也刊载了摘要。美国《纽约时报》全文转载并发表了社论。美国的其他报纸如《纽约先驱论坛报》《纽约世界电讯与太阳报》《华盛顿邮报》等都发布了关于《关于正确处理人民内部矛盾的问题》的消息。法国、意大利,以及东欧等国的共产党刊物在 20 世纪 50 年代末期也相继转发刊载了这篇文章。据《参考资料》和《内部参考》等新华社编印资料的统计,世界上主要的社会主义国家和资本主义国家都对《关于正确处理人民内部矛盾的问题》进行了报道。其中,社会主义国家报道最为积极的是波兰,除了波兰统一工人党机关刊物《人民论坛报》外,其他很多波兰媒体也纷纷进行转载,并发表了评论。而资本主义国家如美国、英国、法国等国除了在文章正式发表后对这篇文章进行了报道,还相继发表了评论文章。相比较而言,发达资本主义国家媒体对《关于正确处理人民内部矛盾的问题》的关注度和敏感度,甚至强于

---

① 周兵:《国际舆论、国际政治与毛泽东人民内部矛盾理论》,《湘潭大学学报》2015 年第 4 期,第 8—13 页。

② 佚名:《外电纷纷转播毛主席讲话》,新华社编《参考资料》1957 年 6 月 19 日,第 1422 期。

第六章 《关于正确处理人民内部矛盾的问题》的传播与影响

主要的社会主义国家。①

就国际上各国对《关于正确处理人民内部矛盾的问题》及有关理论的分析与评价来看,也因政治倾向的不同而存在差异。

在社会主义国家中,波兰对毛泽东的人民内部矛盾理论及《关于正确处理人民内部矛盾的问题》反应最为积极的。波兰华沙的四种主要日报全都全文转载了《关于正确处理人民内部矛盾的问题》,《青年旗帜报》还转载了各国报刊对这篇文章的好评。波兰的《人民论坛报》发表评论说:"我们以很大兴趣研究毛泽东同志报告。这是二十次大会后,第一个在如此广泛的范围内试图在最近几年的经验中来发展社会主义理论。这首先是,从中国的经验中得出的这个事实并不减少其意义。"②波兰领导人也基本同意和支持《关于正确处理人民内部矛盾的问题》中的观点,认为这些论点基本适合波兰的情况。匈牙利的《人民自由报》认为毛泽东提出的人民内部矛盾理论是"马克思列宁主义的真理","在解决我们目前的实际任务中,毛泽东同志在其讲话中关于两种不同类型的矛盾,肃反斗争及正确处理人民内部非对抗性矛盾的指导,有其特别的作用"③。南斯拉夫共产党的机关刊物《共产主义者》也指出:"虽然毛泽东的报告

---

① 周兵:《国际舆论、国际政治与毛泽东人民内部矛盾理论》,《湘潭大学学报》2015 年第 4 期,第 8—13 页。

② 佚名:《波〈人民论坛报〉载文:〈大家都来读毛泽东的报告〉》,新华社编《参考资料》1957 年 6 月 23 日,第 1434 期。

③ 佚名:《匈〈人民自由报〉发表社论评毛主席文章的巨大意义》,新华社编《参考资料》1957 年 6 月 23 日,第 1434 期。

《关于正确处理人民内部矛盾的问题》精学导读

主要根据的是对中国社会的分析并且针对的是中国共产党人，但是由于它的重大意义和它所提出的问题，它已经超越出中国的范围，因为，每个正在建设社会主义的国家都必然要遇到若干这类问题。"①苏联官方对人民内部矛盾理论的反应并不积极，赫鲁晓夫在 1957 年 5 月底回答美国哥伦比亚广播公司的记者关于苏联是否存在人民内部矛盾的提问时表示，苏联并不存在人民内部矛盾。而苏联民间对毛泽东的《关于正确处理人民内部矛盾的问题》则表示了认可与支持，一些城市的大学讲授马克思列宁主义理论的讲师还将其列为考试的试题。②

《关于正确处理人民内部矛盾的问题》也成为不少资本主义国家判断中国局势和国际共产主义运动的依据。毛泽东发表讲话后，英国的《泰晤士报》在 3 月 5 日的电讯中认为，中国出现了困难，"到目前为止，还没有发表官方的演辞。但是大家知道，已经发生了困难，特别是在共产党和非党人士的关系、工业和农业方面"③。而美国国际新闻社在 4 月底则发表了相反的意见，认为"共产党人自己所发表的关于中国内部有困难的消息，可能表明共产党人的力量和信心正在不断增长，而不

---

① 佚名：《南共机关刊〈共产主义者〉以〈重要的报告〉为题评毛主席讲话》，新华社编《参考资料》1957 年 7 月 26 日，第 1518 期。
② 周兵：《国际舆论、国际政治与毛泽东人民内部矛盾理论》，《湘潭大学学报》2015 年第 4 期，第 8—13 页。
③ 佚名：《英国报纸评论》，新华社编《参考资料》1957 年 3 月 7 日，第 1161 期。

第六章 《关于正确处理人民内部矛盾的问题》的传播与影响

是相反的意思"①。还有的国家则认为中国出现了自由化，如法国巴黎的《人民报》在6月14日写道"共产党中国在自由主义化。这种演变已经经历了一年多的时间"②；英国的《时与潮》杂志则持相反的观点，认为毛泽东的人民内部矛盾理论只是为了要消除那些在共产主义世界出现的内部不和的紧张气氛，不能以此判断毛泽东支持中国的自由化。③还有的国家则根据毛泽东的这篇文章，认为共产主义世界已经出现了分歧，如美国的《纽约先驱论坛报》写道"现在的共产主义世界已经不像共产国际和国际共产党情报局时代那样，它已经不是统一领导之下的一个整体了"④。

总体来看，大部分的国际评论是对毛泽东的人民内部矛盾理论和《关于正确处理人民内部矛盾的问题》对于国际共产主义运动和国际政治的推动与影响持肯定态度的。例如，英国的《曼彻斯特卫报》指出，毛泽东的这篇讲话对世界共产主义的影响可能比赫鲁晓夫的秘密演说的影响范围更大，因为"毛泽东的讲话完全是在积极地提出新的思想和政策，而赫鲁晓夫主要是在消极地贬斥过去……这篇讲话将影响其他亚洲国家的共产

---

① 佚名：《美国务院官员认为我讨论内部矛盾问题表明我国的力量和信心正在不断增长》，新华社编《参考资料》1957年4月27日，第1292期。
② 佚名：《巴黎〈人民报〉妄谈我'鸣放'政策》，新华社编《参考资料》1957年6月22日，第1433期。
③ 佚名：《英国〈时与潮〉杂志要西方评论家不要对毛主席讲话作出自己喜欢的结论》，新华社编《参考消息》1957年6月26日。
④ 佚名：《外国报刊评毛主席讲话和中共整风》，新华社编《参考消息》1957年5月28日。

《关于正确处理人民内部矛盾的问题》精学导读

党领袖。也许,这篇讲话将最后使毛在亚洲成为无可争辩的世界共产主义领袖"①。印度的《闪电周报》认为:"中国的这个文件是至今为止最彻底的申斥斯大林主义的文件。事实上,毛主席为马克思主义思想提供了唯一可能代替斯大林主义的思想,这样把赫鲁晓夫同志对斯大林元帅的揭露引导到它的明智的、哲学性的合乎逻辑的结论。"②印度共产党总书记阿约艾·高士指出:"这个文件充满了国际主义精神,特别强调无产阶级运动的团结。因此,它是加强世界共产主义运动的团结的有力武器。"③匈牙利通讯社社长在评价《关于正确处理人民内部矛盾的问题》时表示:"毛泽东同志是现在世界上最伟大的马克思主义者和伟大的思想家。"④苏联的一些学者也表示,共产主义者从这篇文章中受到了鼓舞,苏联人在理论方面落后了,"毛泽东同志的演讲使苏联人开了眼界。这说明苏联人应该学习毛泽东同志那样创造性地运用马列主义"⑤。美国的《基督教科学箴言报》也指出,毛泽东的这篇文章,是近代共产主

---

① 佚名:《〈曼彻斯特卫报〉评毛主席文章并挑拨中苏关系》,新华社编《参考资料》1957年6月20日,第1425期。
② 佚名:《印度〈闪电周报〉评毛主席关于正确处理人民内部矛盾问题的讲话》,新华社编《参考资料》1957年9月14日,第1648期。
③ 佚名:《高士评毛主席的文章,认为是一个极其重要的文件》,新华社编《参考资料》1957年6月27日,第1443期。
④ 杨嚣基:《匈通讯社社长谈毛主席的讲话和苏共中央决议》,新华社编《内部参考》1957年7月20日,第2262期。
⑤ 李何:《毛主席的〈关于正确处理人民内部矛盾的问题〉的演讲受到苏联各界的普遍重视》,新华社编《内部参考》1957年7月3日,第2246期。

第六章 《关于正确处理人民内部矛盾的问题》的传播与影响

义运动史中的一份极为重要的政治文件,毛泽东在其中"再次表现他的众所公认的政治天才,在着重处理国内问题(其中有些是严重和急待解决的)的时候,他为整个共产党世界树立了满怀信心、充满力量和现实主义的榜样"①。英国路透社在1957年7月初指出:"今天,毛泽东关于'社会主义'问题的宣言受到欧洲每个共产党国家全神贯注的倾听,西方国家也怀着相当大的兴趣倾听……在这篇文件中有许多是使莫斯科派的正统共产党人感到吃惊的。特别是,毛泽东的关于社会主义国家内部'矛盾'——包括一国的领导者与其人民之间的矛盾在内——的学说。"②美国的《纽约时报》也表示:毛泽东最近对共产党理论作出的贡献表明,他可能成为现代共产主义理论家中的马克思、恩格斯、列宁和斯大林的继承者。

就《关于正确处理人民内部矛盾的问题》的外文版本来看,据不完全统计,单行本的外文版本就有80多种。③不少国外出版的关于毛泽东的各种著作和文集也收录了《关于正确处理人民内部矛盾的问题》。1957年以来,日本先后出现了多种译本和版本的《关于正确处理人民内部矛盾的问题》。1967年,东京东方书店翻译出版的《哲学四篇》,就收录了《关于正确处

---

① 佚名:《美〈基督教科学箴言报〉说毛主席文章是近代共产主义运动史中的重要政治文件》,新华社编《参考资料》1957年6月26日,第1441期。
② 佚名:《合众社就兄弟国家互相支援问题挑拨中苏关系》,新华社编《内部参考》1957年7月15日,第2257期。
③ 施金炎主编:《毛泽东著作版本述录与考订》,海南国际新闻出版中心1995年版,第573页。

理人民内部矛盾的问题》。1976年，长崎出版社出版了《"关于正确处理人民内部矛盾"入门》。希腊也翻译出版了毛泽东的三篇哲学著作的合辑本。瑞士还将《矛盾论》《实践论》《关于正确处理人民内部矛盾的问题》翻译为法文后合辑为《毛泽东哲学著作》出版。德国在1957年出版了《关于正确处理人民内部矛盾的问题》的单行本，1978年翻译出版了《毛泽东选集》第5卷。1989年，美国哈佛大学出版社出版了吴文津与麦克法夸尔合编的《毛主席秘密讲话：从"百花运动"到"大跃进"》，也收录了毛泽东在最高国务会议第十一次（扩大）会议上所作的《如何处理人民内部的矛盾》的讲话记录稿等。

三、《关于正确处理人民内部矛盾的问题》的理论价值

毛泽东以《关于正确处理人民内部矛盾的问题》为核心的人民内部矛盾理论，系统分析和判断了社会主义条件下的矛盾发展变化，创造性地提出了社会主义社会存在着两类矛盾并给出了处理方法，对社会主义条件下人民内部矛盾的范围、思想意识领域内人民内部矛盾的基本处理方法等一系列问题都进行了深入思考，至今仍显示出其隽永的理论魅力和价值，不断给我们以启示。

第一，毛泽东运用唯物辩证法的科学方法，在吸取斯大林

第六章 《关于正确处理人民内部矛盾的问题》的传播与影响

等前人经验教训的基础上,对社会主义国家的实际情况和客观条件进行了分析,提出了矛盾在社会主义条件下仍然存在,并且提出了社会主义社会的这些矛盾能随着其自身制度的不断完善而不断得到解决的论断,发展了马克思主义的矛盾学说与精神,为科学社会主义理论及其发展作出了重要贡献。毛泽东坚持辩证法的宇宙观,贯彻了"矛盾是普遍的、绝对的,存在于事物发展的一切过程中,又贯串于一切过程的始终"①的矛盾观点,运用列宁所说的主客观世界中普遍存在的对立统一这一根本规律,来观察和剖析社会主义社会,一反斯大林的"社会主义国民经济……生产资料的公有制同生产过程的社会性完全适合"②,以及"工人、农民、知识分子之间在经济上和政治上的矛盾正在缩小和消除。于是就造成了社会在道义上政治上一致的基础"③等这类社会主义社会条件下矛盾将会消失的观点,认为社会主义社会也必然不能违背具有普遍性意义的矛盾规律,各种矛盾也充斥于社会主义社会的内部和外部,也正是社会主义社会内外部的这些矛盾推动着其不断变革与发展,如果这些矛盾不存在了,社会主义社会也就丧失了生命力。其中,生产力与生产关系,以及经济基础与上层建筑之间存在的两对矛盾是社会各种矛盾之中最基本的矛盾,社会中的各种具体矛

---

① 《毛泽东选集》第1卷,人民出版社1991年版,第307页。
② 《斯大林选集》下,人民出版社1979年版,第445页。
③ 苏联共产党(布)中央特设委员会编:《苏联共产党(布)历史简明教程》,人民出版社1979年版,第449页。

《关于正确处理人民内部矛盾的问题》精学导读

盾都是这两对基本矛盾的具体表现形式和衍伸形式,这两对基本矛盾的运动变化也是社会主义社会发展的基本动力。毛泽东不讳言矛盾,是在坚持了马克思主义唯物辩证法的基础上看到了矛盾的普遍性和绝对性,毛泽东大方地承认社会主义社会存在矛盾,是看到了许多人还不敢公开承认社会主义中国还存有矛盾,在社会矛盾面前畏首畏尾,处于被动地位,毛泽东提醒和引导人们正确认识与判断社会主义社会中存在的矛盾,其就是为了妥善而正确地处理好这些复杂的矛盾,"使社会主义社会内部的统一和团结日益巩固"①。在承认社会主义社会有矛盾的基础上,毛泽东还提出了社会主义的矛盾有不同于其他社会的矛盾的特点,即社会主义社会所具有的矛盾虽然具有与其他阶级社会的矛盾一样的一般性特点,但也具有在社会主义时代所独有的一些特征,这些特征体现为社会主义所具有的矛盾不像阶级社会所具有的矛盾那样通常转变为剧烈的阶级冲突和对抗,而是相对平和的,可以随着社会主义制度本身的不断完善而不断地得到解决。现在我们还存在各种纷繁复杂的社会矛盾,从根本上说,是我国刚建立起来的生产关系及其相关制度尚不完善和巩固所造成的。这种特殊性从根本上来说,是由社会主义制度的先进性及其所能容纳的生产力的广袤发展程度所决定的。"总之,社会主义生产关系已经建立起来,它是和生产力的发展相适应的;但是,它又还很不完善,这些不完善的

---

① 《毛泽东文集》第 7 卷,人民出版社 1999 年版,第 213 页。

第六章 《关于正确处理人民内部矛盾的问题》的传播与影响

方面和生产力的发展又是相矛盾的。"①正是在对生产关系及其相关制度的不断完善过程中,矛盾得到解决。经济基础和上层建筑之间也是如此。毛泽东的这些深刻认识,有助于我们正视新时代的社会矛盾问题,仍然有着重要的理论价值和深远意义。

第二,在明确社会主义条件下也存在矛盾的前提下,毛泽东进一步阐明了存在敌我和人民内部两种性质不同的矛盾,这是对斯大林"内部的矛盾"和"外部的矛盾"两种社会矛盾说的理论超越,是对社会主义社会矛盾学说的重大发展。斯大林曾在承认生产力与生产关系之间基本矛盾的基础上,将这种基本矛盾具体表述为无产阶级和农民之间的"内部的矛盾",以及社会主义国家和资本主义国家之间的"外部的矛盾",认为"内部的矛盾"要通过协商等方法来解决,"外部的矛盾"要通过激烈的阶级斗争来解决。斯大林的这些观点虽有积极意义,但在提出时缺乏社会主义制度全面建立的背景和实践基础,因此在理论上也就体现出不彻底性的不足,并进而造成了后来斯大林关于社会主义社会不存在矛盾的缺陷和偏执。在全面分析和判断社会主义条件下也存在矛盾的基础上,毛泽东创造性地提出了存在具有根本性的对抗性的敌我矛盾和不具有根本性的总体上非对抗性的人民内部矛盾这两类不同矛盾的观点。之所以说总体上,是因为人民内部还存在着两种不同的情况,当矛盾的各方主体同为劳动人民,不存在剥削关系时,他们内部之间

---

① 《毛泽东文集》第 7 卷,人民出版社 1999 年版,第 215 页。

《关于正确处理人民内部矛盾的问题》精学导读

的问题纷争是非对抗性的，而当问题纷争发生在人民内部的被剥削和剥削阶级之间时，则他们之间会表现出带有两种状态的矛盾，即既有对抗性的一面也会有非对抗性的一面。在社会主义社会中，敌我矛盾在一定时期内还会长期存在，但不是主流，主流是大量存在的不具有根本性的人民内部之间的矛盾。这两种矛盾的根本性质不一致，因而相应的解决方法也会不同。大致来说，对敌人主要采取专政的方法，而民主的方法则主要适用于处理人民内部矛盾，正确处理人民内部矛盾是社会主义条件下国家政治生活的主题。毛泽东还提醒，依据矛盾的观点，矛盾双方在一定条件下是会互相转化的，因此在解决两类不同性质的矛盾过程中，既要大力提倡创造条件促使敌我矛盾转变为人民内部矛盾，也要谨防人民内部矛盾由于处理不当而转变为敌我矛盾。我们要积极妥善地处理好两类矛盾，调动国内国外、党内党外一切积极因素，"造成一个又有集中又有民主，又有纪律又有自由，又有统一意志、又有个人心情舒畅、生动活泼，那样一种政治局面"[1]，来服务于社会主义建设。毛泽东的这些思想，为我们今天分析和正确处理新的历史条件下的各种纷繁复杂的社会矛盾提供了理论遵循。

第三，在社会主义社会中，毛泽东根据以往的历史经验和民族资产阶级等的表现，提出："工人阶级同民族资产阶级的

---

[1] 中共中央文献研究室编：《建国以来毛泽东文稿》第6册，中央文献出版社1992年版，第543页。

第六章 《关于正确处理人民内部矛盾的问题》的传播与影响

矛盾属于人民内部的矛盾。工人阶级和民族资产阶级的阶级斗争一般地属于人民内部的阶级斗争。"①"把工人阶级同民族资产阶级之间的矛盾当做人民内部矛盾来处理。"②这是对社会主义矛盾理论特别是统一战线理论的重大贡献。毛泽东始终认为,民族资产阶级与帝国主义、地主阶级和大官僚资产阶级是不同的。早在大革命时期,他就提出了中国社会中民族资产阶级具有与其他国家的资产阶级不同的两面性的问题,认为其在革命时期遭受压迫的时候有革命的愿望,一旦革命真正发展起来了又担心触及其既得利益,而存在动摇的一面,由于我们面对的革命对象通常都十分强大,要完成的革命任务又都十分艰巨,所以在革命时期我们对于民族资产阶级基本上都是采取的既联合又斗争的策略,即在联合他们一致团结对付主要敌人的同时,在统一战线内部对其动摇和妥协性的一面展开积极的斗争。因此,与民族资产阶级的这种革命盟友关系是有历史基础和经验的。在这种历史基础和社会主义新中国的新条件下,为了完成建设新中国的伟大任务,毛泽东在注意到民族资产阶级为了获得利润而存在对工人阶级剥削的一面时,又看到了他们在拥护新中国和社会主义建设上的积极态度。面对劳资间的矛盾,毛泽东在理论上作出了两大贡献。其一是在团结与发展的基础上,当社会主要矛盾转变成工人阶级与民族资产

---

① 《毛泽东文集》第 7 卷,人民出版社 1999 年版,第 206 页。
② 《毛泽东文集》第 7 卷,人民出版社 1999 年版,第 223 页。

阶级之间的矛盾时，采取了和平的"节制资本"的方针，即限制、利用和改造民族资本，通过和平赎买的政策将民族资产阶级逐步改造为社会主义的劳动者。这是对马克思关于和平赎买资产阶级思想的重大理论上与实践上的推进。其二是在社会主义的改造基本完成后，将尚存的劳资间矛盾明智地纳入人民内部矛盾的处理范围，视为人民内部矛盾的一部分来对待和处理，从而既避免了激烈对抗的阶级斗争，又团结、争取和调动了民族资产阶级及其相关力量服务于社会主义建设。毛泽东认为，如果方法得当，处置得体，采取和风细雨式的团结、批评、教育和自我改造等方针政策，那么民族资产阶级与工人阶级之间的对抗性矛盾是可以转变成非对抗性矛盾的，反之如果处理不当，这种人民内部的非对抗性的阶级斗争就会演变成敌我之间激烈对抗的阶级斗争。对于知识分子也与此类似，大部分知识分子是赞成新中国和社会主义制度的，是拥护和积极参与社会主义建设的——尽管有小部分知识分子仍在怀疑或者不同意，但毕竟不是主流。知识分子与工人农民之间虽然存在着矛盾，但这种矛盾主要是思想上的，要想让带有资产阶级思想的知识分子逐步树立起无产阶级的世界观，需要通过逐步的思想学习和自我改造进而转变，而资产阶级思想的经济基础的消灭又为这种转变提供了可能。在团结民族工商业者和知识分子、团结民族资产阶级和小资产阶级的基础上，毛泽东提出了与各民主党派和谐相处的"长期共存、互相监督"的方针，"因为凡属一切确实致力于团结人民从事社会主义事业的、得到人民信任

第六章 《关于正确处理人民内部矛盾的问题》的传播与影响

的党派,我们没有理由不对它们采取长期共存的方针"①。在长期共存的同时,互相监督,互提意见,以适应新社会的需要,这是对社会主义多党合作理论的贡献与发展。毛泽东的这些关于社会主义条件下民族资产阶级和小资产阶级的开拓性观点,是对科学社会主义理论和多党合作理论与实践的重要贡献。

第四,毛泽东的人民内部矛盾理论在阐述人民内部矛盾的正确处理原则时,更提供了诸多解决各种人民内部矛盾的具体方法和手段,这些具体方法和手段如处理人民群众的思想意识领域内的矛盾的方法等,为新时代正确处理人民内部矛盾提供了基本经验和遵循,是对新时代正确处理人民内部矛盾的理论上的重要贡献。中华人民共和国成立后,革命时期的那种敌我激烈对抗的大规模斗争早已经宣告结束,大量存在的是非对抗性的人民内部矛盾,要用说服、教育、批评等方法来处理人民内部矛盾。例如,在经济领域提出要处理好经济建设与国防建设、重工业与农业与轻工业等之间的关系,在政治领域提出要兼顾中央与地方间的关系、反对大汉族主义等,都成为今天处理经济与政治领域内人民内部矛盾的基本指针或原则性手段。而毛泽东解决思想文化和意识形态领域人民内部矛盾的方法,更彰显出其时代价值和意义。首先,毛泽东指出,在社会主义条件下,虽然敌我对抗性的大规模斗争已经大体上宣告结束了,但并不意味着敌我对抗性矛盾就完全不存在了,阶级斗争仍然

---

① 《毛泽东文集》第 7 卷,人民出版社 1999 年版,第 235 页。

《关于正确处理人民内部矛盾的问题》精学导读

会在一定时间、一定领域内长期存在，各种思想意识形态方面尤其是"无产阶级和资产阶级之间在意识形态方面的阶级斗争，还是长时期的，曲折的，有时甚至是很激烈的"[①]，绝不能掉以轻心。其次，毛泽东认为，这些思想意识形态领域内的矛盾问题，主要属于人民群众思想意识上的问题，简单靠命令禁止肯定是行不通的，"对待人民内部的思想问题，对待精神世界的问题……只有采取讨论的方法，批评的方法，说理的方法，才能真正发展正确的意见，克服错误的意见，才能真正解决问题"[②]。也就是说，要让思想意识领域、精神领域的各种矛盾问题充分地表现出来，让人说话和发表意见，我们还应该对这些表现出来的问题进行辩证的、科学的分析，用细致讲理的方法、辩论的方法批评、说服、教育解决。再次，毛泽东还具体阐述了该如何面对和处理马克思主义与其他思想意识形态之间的矛盾问题。毛泽东认为，历史上的新事物一开始是得不到多数人承认的，都是在实践中曲折地逐渐壮大起来的，马克思主义也是如此，现在资本主义和社会主义谁能战胜谁的问题还有待解决，即使放眼全球，信仰马克思主义的也还并不多，所以马克思主义的发展仍然任重而道远。马克思主义要把与各种错误思想、反对思想的批评和斗争当成"种牛痘"，看成是提高自身免疫力的机会，从而不断地发展自己，锻炼自己，扩大自

[①]《毛泽东文集》第 7 卷，人民出版社 1999 年版，第 230 页。
[②]《毛泽东文集》第 7 卷，人民出版社 1999 年版，第 232 页。

第六章 《关于正确处理人民内部矛盾的问题》的传播与影响

己的阵地。当然,毛泽东也划出了底线,我们也不是任凭各种错误思想、反对思想泛滥的,毛泽东提出了六条判断言论与行动的"政治底线"或者说"标准",只要不超越这六条政治底线,人们对于各种问题就可以自由讨论。虽然科学艺术各个领域不一定都适宜用这些政治标准来分析判断,但"在我国这样的社会主义国家里,难道有什么有益的科学艺术活动会违反这几条政治标准的吗?"①如今,随着我国经济实力的快速提升和国家政权的日益巩固,中国特色社会主义进入新时代,和平稳定的社会环境下各种敌对势力并未偃旗息鼓,资本主义与社会主义谁战胜谁的问题依然存在,这更加凸显了思想文化和意识形态领域内的矛盾问题,而毛泽东关于处理人民内部矛盾的具体方法,特别是关于解决思想意识形态领域矛盾斗争的独到见解,则更让人振聋发聩,具有重要的意义。

毛泽东的《关于正确处理人民内部矛盾的问题》及人民内部矛盾理论,是一笔宝贵的精神财富,其理论贡献是多方面的,为我们今天正确处理新时代新条件下人民内部矛盾提供了极具价值的科学理论指导和行动指南。

---

① 《毛泽东文集》第7卷,人民出版社1999年版,第234页。

第七章　新时代对正确处理人民内部矛盾思想的传承与发展

一、新时代的国内外环境

经过四十余年的发展，特别是党的十八大以来，中国的改革开放和社会主义现代化建设在一系列复杂的国内外环境中取得了历史性成就，但同时，随着改革进入攻坚期和深水区，各方面的矛盾也进一步凸显。

从国际环境来看，世界正处于发展、变革和调整的历史时期，和平与发展的时代主题依然没有变，合作与共赢已成为时代潮流，但不稳定性和不确定性逐渐凸显。科技革命和信息化带动了一大批新兴市场国家和发展中国家迅速崛起，由此形成了世界各个地区经济、政治、文化发展中心的多元化的格局，国际力量的对比更加平衡，各国和各地区之间相互联系与依存日益加深，越来越成为一个命运共同体。与此同时，"人类依然面临诸多难题和挑战……维护世界和平、促进共同发展依然任重道远"[①]。近年来，

[①] 习近平：《习近平谈治国理政》，外文出版社2014年版，第272页。

第七章　新时代对正确处理人民内部矛盾思想的传承与发展

世界经济增长动能明显不足,霸权主义、强权政治和新干涉主义叠加各地区经济、文化、民族、宗教等因素带来的局部动荡及地区冲突此起彼伏等。就国内形势而言,我国社会主义现代化事业发生了历史性变革,但也面临着不少的困难和挑战。经济建设方面,近年来我国社会生产力水平在逐年提高,社会生产能力在很多方面都进入了世界前列。国内生产总值从 2012 年的 538 580 亿元到 2016 年的 740 060.8 亿元,稳居世界第二;居民消费能力也逐年攀升。① 人民生活方面,我国的城镇化率保持着过去五年年均提高 1.2%的速度增长,医疗、住房等城乡居民社会保障体系也基本建立,高铁、公路、港口、机场等交通基础设施建设快速推进。科技文化方面,天宫空间站的建设、国产大飞机的试飞等,创新型国家建设硕果累累。可以说,近年来中国所取得的成就是全方位的、开创性的,所带来的变革是深层次的。同时,"必须清醒看到,我们的工作还存在许多不足,也面临不少困难和挑战"②。例如,经济发展进入新常态,带来了一系列变革和要求:经济发展方式要求从粗放型转向集约型,增长动力也要求从要素驱动转向创新型驱动,等等。这些变革和要求,冲击着我们一直以来的"速度情结",造成了"换挡焦虑"。

---

① 国家统计局:《国家数据》,2019 年 8 月 29 日,http://data.stats.gov.cn/easyquery.htm?cn=C01。
② 习近平:《决胜全面建成小康社会 夺取新时代中国特色社会主义伟大胜利——在中国共产党第十九次全国代表大会上的报告》,《人民日报》2017 年 10 月 28 日,第 1 版。

《关于正确处理人民内部矛盾的问题》精学导读

国内外形势的深刻变化，给新时代的中国社会带来了各种矛盾和问题。例如，经济发展新常态下，如何调整行业企业过时或僵化的发展方式，协调其中的利益关系；如何在地区、贫富差距等问题依然较为突出的情况下，缓解由此引发的社会矛盾和冲突；如何在民生领域还存在不少短板的情况下，预防和化解教育、医疗、住房、就业、养老等涉及人民群众切身利益的问题；如何处理群众反映强烈的"四风"问题及由此诱发的人民内部矛盾；等等。诸多无法回避的矛盾和问题考验着党与政府的执政及治理能力，"这些问题，必须着力加以解决"①。

二、对正确处理人民内部矛盾思想的学习与继承

面对新时代诸多复杂的人民内部矛盾，以习近平同志为核心的党中央充分吸收和继承了毛泽东、邓小平、江泽民、胡锦涛等人正确处理人民内部矛盾的宝贵经验，并在此基础上进一步深化了一些基本观点和方法。

毛泽东针对我国社会主义改造完成后国内外出现的新形势，提出了社会主义社会仍然存在矛盾，并且存在人民内部矛盾和敌我矛盾两类不同性质的矛盾的重要观点。敌我矛盾主要

---

① 习近平：《决胜全面建成小康社会 夺取新时代中国特色社会主义伟大胜利——在中国共产党第十九次全国代表大会上的报告》，《人民日报》2017年10月28日，第1版。

第七章 新时代对正确处理人民内部矛盾思想的传承与发展

是分清敌我，采取的是专政的手段；而人民内部矛盾则主要是分清是非，采取的是民主的方法，"具体化为一个公式，叫做'团结—批评—团结'……总之……都采用这个方法去解决他们内部的矛盾。"①毛泽东还强调，不同性质的矛盾之间是可以相互转化的，并对不同领域内的人民内部矛盾作了具体分析，提出了处理矛盾的基本原则和方法。

毛泽东的这些基本观点和方法，为以习近平同志为核心的党中央所充分重视和吸收。首先，从宏观上强调要加强学习包括毛泽东思想在内的马克思主义理论，重视包括人民内部矛盾在内的各种社会矛盾，提高处理能力。习近平明确指出："社会总是在解决矛盾中不断前进的。"②他强调："全党面临的一个重要课题，就是如何正确认识和妥善处理我国发展起来后不断出现的新情况新问题。"③世情、国情和党情都在不断地发展变化，不管是新矛盾也好还是老问题也罢，"要认识好、解决好，唯一的途径就是增强我们自己的本领。增强本领就要加强学习"④。所以，党的十八大提出建设学习型、服务型、创新型马克思主义执政党的任务，把学习放在了第一位。学习的一项重要内容就是包括毛泽东思想在内的马克思主义理论，以及党史、国史。通过学习，领会"贯穿其中的马克思主义立

---

① 《毛泽东文集》第7卷，人民出版社1999年版，第210—211页。
② 习近平：《之江新语》，浙江人民出版社2007年版，第236页。
③ 习近平：《习近平谈治国理政》，外文出版社2014年版，第401页。
④ 习近平：《习近平谈治国理政》，外文出版社2014年版，第401页。

《关于正确处理人民内部矛盾的问题》精学导读

场、观点、方法"①。特别是要通过学习,使各级领导干部"深刻认识和把握新形势下人民内部矛盾的特点、规律,探索解决矛盾的正确途径和有效方法,不断提高正确处理新形势下人民内部矛盾的本领"②。以提高工作能力和决策的科学性,避免陷入迷茫的困境,"克服本领不足、本领恐慌、本领落后的问题"③。

其次,强调要重视毛泽东的人民内部矛盾理论及其处理的方法原则。习近平曾谈道:"五十年前,毛主席写过一篇很著名的文章,叫做《关于正确处理人民内部矛盾的问题》。……半个世纪过去了,伟人著作至今读来,对我们正确处理人民内部矛盾、维护社会稳定仍然很有启发意义。"④习近平分析说,虽然当前人民内部矛盾已经发生了很大变化,但仍是影响社会稳定的主要因素。我国正处于经济高速发展期和矛盾凸显期,就业、保障、收入分配、土地征用等原因引发的各种人民内部矛盾其表现形式、交织程度等都更加复杂多样,解决难度也大大提升,而"无论其表现形式多么复杂多样,就其性质而言绝大多数还是表现为人民的内部矛盾"⑤。处理这些人民内部的矛盾时,绝不能用强制办法或置之不理的态度对待,一定要用基层民主的办法来解决。"毛泽东同志在《关于正确处理人民

---

① 习近平:《习近平谈治国理政》,外文出版社 2014 年版,第 404 页。
② 习近平:《之江新语》,浙江人民出版社 2007 年版,第 237 页。
③ 习近平:《习近平谈治国理政》,外文出版社 2014 年版,第 403 页。
④ 习近平:《之江新语》,浙江人民出版社 2007 年版,第 237 页。
⑤ 习近平:《之江新语》,浙江人民出版社 2007 年版,第 226 页。

第七章 新时代对正确处理人民内部矛盾思想的传承与发展

内部矛盾的问题》中提出过一个重要论断:'用民主方法解决人民内部矛盾。'这一重要论断对于我们今天考察基层民主与社会和谐的关系仍然具有重要的指导意义。"①要综合采用各种手段,不断创新工作方式和领导方式,争取将人民内部的矛盾控制在"源头",化解在"源头",消灭在"源头"。党的十九届四中全会也进一步着重提出,要不断完善正确处理新形势下人民内部矛盾的有效机制,"坚持和发展新时代'枫桥经验',畅通和规范群众诉求表达、利益协调、权益保障通道,完善信访制度,完善人民调解、行政调解、司法调解联动工作体系,健全社会心理服务体系和危机干预机制,完善社会矛盾纠纷多元预防调处化解综合机制,努力将矛盾化解在基层"②。

以习近平同志为核心的党中央在继承毛泽东的人民内部矛盾理论及其基本方法时,也进一步深化了邓小平、江泽民、胡锦涛等人的一些观点和方法。

第一,深化了改革和发展是解决人民内部矛盾的基础与根本途径的观点。邓小平曾指出:"社会主义基本制度确立以后,还要从根本上改变束缚生产力发展的经济体制……改革也是解放生产力。"③马克思主义执政党一定要抓住这一点,才能抓

---

① 习近平:《之江新语》,浙江人民出版社2007年版,第226页。
②《中共中央关于坚持和完善中国特色社会主义制度 推进国家治理体系和治理能力现代化若干重大问题的决定》,2019年11月6日,http://cpc.people.com.cn/n1/2019/1106/c64094-31439558.html。
③《邓小平文选》第3卷,人民出版社1993年版,第370页。

《关于正确处理人民内部矛盾的问题》精学导读

住处理人民内部矛盾的关键,"从根本上说,手头东西多了,我们在处理各种矛盾和问题时就立于主动地位"①,否则一切只是空谈。胡锦涛也着重强调:"解决我国经济社会发展面临的许多矛盾和问题,包括构建社会主义和谐社会面临的许多矛盾和问题,关键还是要靠发展。"②

习近平在此基础上分析指出,我们的改革是往往是由各种矛盾和问题倒逼产生的,同时在不断地解决各种矛盾和问题中得以深化。我们已经积累了用改革的办法解决一些矛盾和问题的经验,但旧的问题解决了,新的问题又会产生,"面对新形势新任务,我们必须通过全面深化改革,着力解决我国发展面临的一系列突出矛盾和问题"③。对于如何改革,习近平从化解改革过程中的矛盾的角度提出了一些宏观上的基本要求和原则:一是我们的改革与发展是有方向、有原则和有底线的,"是在中国特色社会主义道路上不断前进的改革,既不走封闭僵化的老路,也不走改旗易帜的邪路"④。二是我们的改革与发展是有立场的,这个立场就是人民的立场。不但要"紧紧依靠人民推动改革"⑤,充分尊重人民群众在社会发展中的主体地位

---

① 《邓小平文选》第 3 卷,人民出版社 1993 年版,第 377 页。
② 中共中央文献研究室编:《十六大以来重要文献选编》中,中央文献出版社 2011 年版,第 708 页。
③ 习近平:《习近平谈治国理政》,外文出版社 2014 年版,第 71 页。
④ 中共中央文献研究室编:《习近平关于全面深化改革论述摘编》,中央文献出版社 2014 年版,第 14 页。
⑤ 习近平:《习近平谈治国理政》,外文出版社 2014 年版,第 97 页。

第七章 新时代对正确处理人民内部矛盾思想的传承与发展

和首创精神,而且"推进任何一项重大改革……都要从人民利益出发谋划改革思路、制定改革举措"①。在遇到一些利益难以权衡或者关系复杂的矛盾时,"要认真想一想群众实际情况究竟怎样?群众到底在期待什么?群众利益如何保障?群众对我们的改革是否满意?"②三是在改革的态度上要积极,要有充分的信心和足够的勇气。我国经济发展的新常态表明,容易的都已经做完了,现在剩下的都是比较棘手的"硬骨头"。越是在这样的情况下,越要坚定改革的信心与勇气,要以"自我革新的勇气和胸怀,跳出条条框框限制,克服部门利益掣肘,以积极主动精神研究和提出改革举措"③。四是在改革的整体视野和方法上,要有大局意识,要从全局统筹考虑问题。既以经济体制改革为重点,发挥其牵引作用,又统筹考虑其他领域的改革,协同配合,整体推进;既加强改革的顶层设计和宏观思考,又摸着石头过河,慎重推进阶段性改革。

第二,深化了制度建设特别是民主法治在处理人民内部矛盾过程中的重要作用。邓小平曾指出,我们过去发生的种种错误,大都与制度方面的因素有关,因此要"从制度上保证党和国家政治生活的民主化、经济管理的民主化、整个社会生活的民主化,促进现代化建设事业的顺利发展"④。人民内部的各

---

① 习近平:《习近平谈治国理政》,外文出版社2014年版,第98页。
② 习近平:《习近平谈治国理政》,外文出版社2014年版,第98页。
③ 习近平:《习近平谈治国理政》,外文出版社2014年版,第87页。
④《邓小平文选》第2卷,人民出版社1994年版,第336页。

《关于正确处理人民内部矛盾的问题》精学导读

种复杂矛盾,"也有不少要通过法律来解决"①。江泽民也强调:"要着重加强制度建设,实现社会主义民主政治的制度化、规范化和程序化。"②把依法治国作为治理国家的基本方略,使得各级党员干部和群众都能够在宪法与法律的范围内活动。胡锦涛多次强调,要"努力营造公平的社会环境,从收入分配、利益调节、社会保障、公民权利保障、政府施政、执法司法等方面采取切实措施"③,化解人民内部矛盾。

习近平进一步明确,预防、减少、化解各方面的社会矛盾,"真正实现社会和谐稳定,国家长治久安,还是要靠制度"④,不断完善社会治理体系,"不断构建新的体制机制、法律法规,使各方面制度更加科学、更加完善,实现党、国家、社会各项事务治理制度化、规范化、程序化"⑤。因为从根本上来说,预防和正确处理人民内部矛盾,需要公平正义的社会环境,而制度始终是促进社会公平正义的重要保障。所以,习近平特别指出,各级领导干部既要"从制度、机制、政策、工作上积极推动社会矛盾预防化解工作"⑥,又要"提高运用法治思维和法治方式的能力,努力以法治凝聚改革共识、规范发展行为、

---

① 《邓小平文选》第 2 卷,人民出版社 1994 年版,第 147 页。
② 《江泽民文选》第 3 卷,人民出版社 2006 年版,第 554 页。
③ 胡锦涛:《论构建社会主义和谐社会》,中央文献出版社 2013 年版,第 60 页。
④ 习近平:《习近平谈治国理政》,外文出版社 2014 年版,第 91 页。
⑤ 习近平:《习近平谈治国理政》,外文出版社 2014 年版,第 92 页。
⑥ 习近平:《习近平谈治国理政》,外文出版社 2014 年版,第 204 页。

第七章　新时代对正确处理人民内部矛盾思想的传承与发展

促进矛盾化解、保障社会和谐"①。努力把我们的制度优势、法律法规充分转化为管理国家的效能,有效减少和化解各方面的矛盾与问题。正是在这一背景下,党的十八大提出了要全面推进依法治国。党的十八届三中全会又进一步提出要建设法治中国,坚持法治国家、法治政府和法治社会协调一体建设。党的十九大报告则提出了成立中央全面依法治国领导小组,加强对法治中国建设的统一领导。习近平着重指出,全面推进依法治国的重大抉择,"是解决党和国家事业发展面临的一系列重大问题,解放和增强社会活力、促进社会公平正义、维护社会和谐稳定、确保党和国家长治久安的根本要求"②。因此,要把全面依法治国放到"四个全面"战略布局中来统筹考虑,"对各类社会矛盾,要引导群众通过法律程序、运用法律手段解决,推动形成依法办事、遇事找法、解决问题用法、化解矛盾靠法的良好环境"③。党的十九届四中全会更是从坚持完善中国特色社会主义制度的高度上强调,要"着力固根基、扬优势、补短板、强弱项,构建系统完备、科学规范、运行有效的制度体系,加强系统治理、依法治理、综合治理、源头治理,把我国制度优势更好转化为国家治理效能"④。

---

① 习近平:《习近平谈治国理政》,外文出版社2014年版,第145页。
② 中共中央文献研究室编:《习近平关于全面依法治国论述摘编》,中央文献出版社2015年版,第6页。
③ 习近平:《习近平谈治国理政》,外文出版社2014年版,第204页。
④《中共中央关于坚持和完善中国特色社会主义制度 推进国家治理体系和治理能力现代化若干重大问题的决定》,2019年11月6日,http://cpc.people.com.cn/n1/2019/1106/c64094-31439558.html。

《关于正确处理人民内部矛盾的问题》精学导读

此外,以习近平同志为核心的党中央还在实践中进一步深化了从利益关系特别是物质利益的角度来解决人民内部矛盾等思想,为新时代正确解决人民内部矛盾提供了基本遵循。

三、对正确处理人民内部矛盾思想的探索与创新

在承续和深化毛泽东、邓小平、江泽民、胡锦涛等正确处理人民内部矛盾思想的基础上,根据国内外形势的变化,以习近平同志为核心的党中央从原则与路径方面对新时代正确处理人民内部矛盾进行了一系列的探索与创新。

第一,对新时代的社会主要矛盾作了科学判断,从而为人民内部矛盾的正确处理提供了理论基础。在社会主义社会矛盾体系中,社会主要矛盾居于第一层次的社会基本矛盾和第三层次的两类矛盾和其他矛盾之间,处于第二层次。[1]与社会基本矛盾和代表着人与人之间的人民内部矛盾不同,它代表着人与物之间的矛盾[2],它既根源于社会基本矛盾,反映着社会基本矛盾的发展变化,又影响和制约着人民内部矛盾的发展变化。

1956年,党的八大第一次明确提出了"国内的主要矛盾"

---

[1] 雍涛:《毛泽东哲学思想与马克思主义哲学中国化》,人民出版社2003年版,第146页。

[2] 高齐云、刘景泉主编:《社会主义社会矛盾概论》,中山大学出版社1985年版,第7—8页。

第七章 新时代对正确处理人民内部矛盾思想的传承与发展

的说法,并揭示出主要矛盾的根源在于经济文化还比较落后。其后,虽然经历了对社会主要矛盾的认识发生偏差和曲折的阶段,但在党的十一届三中全会上,又重新恢复了党的八大对社会主要矛盾的认识。邓小平在 1979 年明确指出:"我们的生产力发展水平很低,远远不能满足人民和国家的需要,这就是我们目前时期的主要矛盾,解决这个主要矛盾就是我们的中心任务。"① 其后,中央又在有关决议中正式概括了社会主要矛盾:"社会主义改造基本完成以后,我国所要解决的主要矛盾,是人民日益增长的物质文化需要同落后的社会生产之间的矛盾。"② 多年来,我们党始终强调和抓住这一社会主要矛盾,不断地推进改革开放,解放和发展生产力。

改革开放以来,特别是党的十八大以来,党和国家在经济、政治、文化等方面都取得了开创性的、历史性的成就,办成了许多过去想办而没有办成的大事,社会生产力水平显著提升,经济总量稳居世界第二,国防实力、国际影响力、综合国力等显著提升,在总体上实现了小康,并向全面建成小康社会不断迈进。正是在这一基础和背景下,人民群众对生活的需要也更为广泛,呈现出多样化、多层次的需求和增长。一方面,人们"不仅对物质文化生活提出了更高要求,而且在民主、法治、公

---

① 《邓小平文选》第 2 卷,人民出版社 1994 年版,第 182 页。
② 中共中央文献研究室编:《三中全会以来重要文献选编》下,人民出版社 2011 年版,第 168 页。

《关于正确处理人民内部矛盾的问题》精学导读

平、正义、安全、环境等方面的要求日益增长"[1]。另一方面，人们对现有需求的层次也进一步提升，"期盼有更好的教育、更稳定的工作、更满意的收入、更可靠的社会保障、更高水平的医疗卫生服务、更舒适的居住条件、更优美的环境，期盼孩子们能成长得更好、工作得更好、生活得更好"[2]。然而，面对这些日益增长的需求时，我们在供需、区域、群体等方面发展不平衡不充分的问题日益凸显。

正是基于这些客观情况的变化，习近平在党的十九大报告中郑重提出："中国特色社会主义进入了新时代，我国社会主要矛盾已经转化为人民日益增长的美好生活需要和不平衡不充分的发展之间的矛盾。"[3]同时强调，社会主要矛盾的这一变化，并没有改变我国的基本国情和最大实际——我们仍处于并将长期处于社会主义初级阶段，我国仍是世界上最大的发展中国家。习近平着重指出，我国社会主要矛盾的这一变化，是关系党和国家发展事业，关系到人民根本利益和幸福的全局性的、历史性的变化，对党和国家的各项工作都提出了新要求。新时代社会主要矛盾的变化，直接影响了人民内部矛盾的发展变化，

---

[1] 习近平：《决胜全面建成小康社会 夺取新时代中国特色社会主义伟大胜利——在中国共产党第十九次全国代表大会上的报告》，《人民日报》2017年10月28日，第1版。

[2] 习近平：《习近平谈治国理政》，外文出版社2014年版，第4页。

[3] 习近平：《决胜全面建成小康社会 夺取新时代中国特色社会主义伟大胜利——在中国共产党第十九次全国代表大会上的报告》，《人民日报》2017年10月28日，第1版。

第七章　新时代对正确处理人民内部矛盾思想的传承与发展

而能否解决好这一社会主要矛盾,更直接关系到能否正确和妥善解决好新时代的人民内部矛盾。所以,我们必须继续坚持"一个中心、两个基本点","着力解决好发展不平衡不充分问题,大力提升发展质量和效益,更好满足人民在经济、政治、文化、社会、生态等方面日益增长的需要,更好推动人的全面发展、社会全面进步"①。

第二,旗帜鲜明地提出了"中国梦"和"不忘初心"的思想,为新时代正确处理人民内部矛盾提供了价值导引。正确处理人民内部矛盾,既需要方法层面的恰当手段与策略,也需要价值层面的理想诉求与目标导引,后者以前者为实现手段,前者以后者为价值牵引,两方面辩证统一。正是因为有了明确的价值层面的理想诉求,才使得习近平新时代正确处理人民内部矛盾的方法没有沦为一种简单的处理矛盾的工具性手段策略,而是上升为一种实践智慧。从人民内部矛盾理论的视角来看,在价值观念复杂冲突及理想信念断层甚至是缺失的社会大变革时代,习近平围绕人民及其内部之间关系的处理,旗帜鲜明地提出并强调了"中国梦"和"不忘初心",为新时代正确处理人民内部矛盾提供和明确了理想目标与价值诉求。

第一,对人民内部矛盾的主要发生主体即广大的人民群众而言,要以实现中华民族伟大复兴的"中国梦"为价值诉求,

---

① 习近平:《决胜全面建成小康社会 夺取新时代中国特色社会主义伟大胜利——在中国共产党第十九次全国代表大会上的报告》,《人民日报》2017年10月28日,第1版。

《关于正确处理人民内部矛盾的问题》精学导读

自觉调整、规范内部之间的利益及各种关系，凝心聚力实现"中国梦"。习近平指出："实现中华民族伟大复兴，是近代以来中国人民最伟大的梦想，我们称之为'中国梦'，基本内涵是实现国家富强、民族振兴、人民幸福。"①国家的富强、民族的振兴及人民的幸福，都是建立在社会和谐的基础上的，而实现社会和谐也是"中国梦"的题中之义。这就要求我们放眼长远，经常性地将自己的个人利益、当前利益和局部利益，与集体利益、长远利益、国家整体利益统一起来，自觉地调整、处理好其中的利益关系，心往一处想，劲往一处使，积极投身于"凝聚了几代中国人的夙愿，体现了中华民族和中国人民的整体利益"②的"中国梦"的实现过程之中，把实现个人梦、家庭梦融入实现国家梦、民族梦之中。反过来说，个人利益、当前利益和局部利益与集体利益、长远利益、国家利益在本质上是一致的，利益的实现和目标主体都是广大人民群众，所以"中国梦"既是整个国家的梦、整个民族的梦，也是每个中国人的梦，但"归根到底是人民的梦，必须紧紧依靠人民来实现，必须不断为人民造福"③。而在价值取向多元化且易发生冲突的社会大变革时代，以"中国梦"作为全国各族人民的共同理想，作为整个社会的主导价值诉求来团结和凝聚各方力量，对于社会结构调整，以及进行伟大斗争、建设伟大工程、推进伟大事

---

① 习近平：《习近平谈治国理政》，外文出版社2014年版，第274页。
② 习近平：《习近平谈治国理政》，外文出版社2014年版，第36页。
③ 习近平：《习近平谈治国理政》，外文出版社2014年版，第40页。

第七章 新时代对正确处理人民内部矛盾思想的传承与发展

业等都具有积极意义。

第二,对人民内部矛盾的主要处理主体特别是党员干部而言,除了"中国梦"的价值诉求之外,习近平还着重强调了要"不忘初心",以"初心"来对待增进人民福祉的事业和处理发展中遇到的矛盾问题。"中国共产党人的初心和使命,就是为中国人民谋幸福,为中华民族谋复兴。这个初心和使命是激励中国共产党人不断前进的根本动力。"① "不忘初心"的内涵是十分丰富的,既是纲领,是目标,又是精神,是旗帜,更是理想信念和宗旨,从根本上来说,就是要坚持共产主义的远大理想和坚持人民的立场。正如习近平指出的:"中国共产党之所以叫共产党,就是因为从成立之日起我们党就把共产主义确立为远大理想。我们党之所以能够经受一次次挫折而又一次次奋起,归根到底是因为我们党有远大理想和崇高追求。"② 共产党人如果信念不坚定,缺乏理想信念这个"钙",就会经不起各种诱惑和考验,丧失安身立命的根本,"一些党员、干部出这样那样的问题,说到底是信仰迷茫、精神迷失"③。而坚持理想信念,其出发点与落脚点仍在于增进人民福祉。因此,人民立场是中国共产党的根本政治立场。保持了这份"初心",

---

① 习近平:《决胜全面建成小康社会 夺取新时代中国特色社会主义伟大胜利——在中国共产党第十九次全国代表大会上的报告》,《人民日报》2017年10月28日,第1版。

② 习近平:《习近平谈治国理政》第2卷,外文出版社2017年版,第34页。

③ 习近平:《习近平谈治国理政》,外文出版社2014年版,第15页。

《关于正确处理人民内部矛盾的问题》精学导读

就能"及时发现和纠正思想认识上的偏差、决策中的失误、工作中的缺点,及时发现和解决存在的各种矛盾和问题"[①];保持了这份"初心",就能在处理人民内部的各种矛盾时,摆脱官僚主义和形式主义的影响,从促进社会公平正义和维护好广大人民群众的利益出发,妥善解决。

第三,以解决"广大干部群众始终关注的""党内外议论较多的"[②]党群干群矛盾为切入点,通过群众路线教育实践活动和反腐败工作等途径,着力于党的作风建设,为新时代正确处理人民内部矛盾找到了突破口。为广大群众所诟病甚至是深恶痛绝的"四风"问题等已经严重影响党的形象,成为人民内部矛盾的一大诱因。党群干群矛盾的解决,不仅关系到与之相关的其他人民内部矛盾的应对与处理,更关系到中国特色社会主义事业的成败,关系到党和国家的生死存亡。

首先,在理论层面,把党的群众路线教育实践活动作为一项重大而紧迫的常态化任务长抓不懈,筑牢作风建设的思想防线。毛泽东曾指出:"所谓正确处理人民内部矛盾问题,就是我党从来经常说的走群众路线的问题。"[③]习近平紧紧抓住这一锁钥,并根据新的历史形势全方位论述并推进了党的群众路线教育实践活动。从党的性质和所面临的形势来看,党的根基

---

① 习近平:《习近平谈治国理政》,外文出版社2014年版,第26页。
② 习近平:《习近平谈治国理政》,外文出版社2014年版,第83页。
③ 中共中央文献研究室编:《建国以来毛泽东文稿》第6册,中央文献出版社1992年版,第547页。

第七章 新时代对正确处理人民内部矛盾思想的传承与发展

和力量都在人民，密切联系群众，真心实意地服务群众，既体现了党的性质和宗旨，又体现出了与其他政党的重要区别。而随着世情、国情、党情的深刻变化，改革开放、市场经济等考验和脱离群众、消极腐败等危险都更为尖锐地摆在我们面前。"保持党的先进性和纯洁性、巩固党的执政基础和执政地位靠什么？最重要的就是靠坚持党的群众路线、密切联系群众。"①所以，在全党范围内开展群众路线教育实践活动，既是解决党自身发展过程中面对的一系列问题的要求，又"是解决群众反映强烈的突出问题的必然要求"②。从目标和任务来看，总的目标"就是要把为民务实清廉的价值追求深深植根于全党同志的思想和行动中，夯实党的执政基础，巩固党的执政地位"③。党内存在的各种矛盾和问题不可能通过几个举措一蹴而就，更多的是有赖于长期性的、经常性的工作来解决，而群众路线教育活动的主要任务就是围绕这项工作，"集中解决……当前群众深恶痛绝、反映最强烈的问题，也是损害党群干群关系的重要根源……解决好了，党内其他一些问题解决起来也就有了更好条件"④。从推进途径和方法来看，则"要从实际出发，抓住主要矛盾，什么问题突出就着重解决什么问题，什么问题紧迫就抓紧解决什么问题，找准靶子，有的放矢，务求实效"⑤。

---

① 习近平：《习近平谈治国理政》，外文出版社2014年版，第367页。
② 习近平：《习近平谈治国理政》，外文出版社2014年版，第368页。
③ 习近平：《习近平谈治国理政》，外文出版社2014年版，第368页。
④ 习近平：《习近平谈治国理政》，外文出版社2014年版，第374页。
⑤ 习近平：《习近平谈治国理政》，外文出版社2014年版，第375页。

《关于正确处理人民内部矛盾的问题》精学导读

主要采用的方法是在承续毛泽东延安时期提出的"照镜子"等12字要求的基础上，结合新的实际情况，将其转化为常规性动作，以实现自我的不断净化、革新、提高与完善。

其次，在实践层面，以铁腕手段惩治腐败和不正之风，始终保持惩治腐败的全方位高压态势。习近平指出，当前反腐败斗争的形势依然严峻，"人民群众还有许多不满意的地方"①。所以，实践层面的"惩治这一手决不能放松……既坚决查处领导干部违纪违法案件，又切实解决发生在群众身边的不正之风和腐败问题"②。严格做到有腐必反、有贪必肃、全覆盖、零容忍、无禁区，形成和保持惩治腐败的高压态势与强大威慑。党的十八大到党的十九大期间，党中央以壮士断腕和猛药去疴的决心与勇气，立案审查省军级以上党员干部及其他中管干部440人。全国纪检监察机关处置问题线索达154.5万件，处分各种违规违纪和腐败人员达153.7万人。③与筑牢拒腐防变的思想防线相配合，习近平还强调要"加强对权力运行的制约和监督，把权力关进制度的笼子里，形成不敢腐的惩戒机制、不能腐的防范机制、不易腐的保障机制"④。因此，要进一步推动腐败多发的领域和环节的改革，将体制缺陷与制度漏洞造成的腐败现象尽可能减少，多方面合力铲除腐败"滋生土壤"，同

---

① 习近平：《习近平谈治国理政》，外文出版社2014年版，第385页。
② 习近平：《习近平谈治国理政》，外文出版社2014年版，第387页。
③《十八届中央纪律检查委员会向中国共产党第十九次全国代表大会的工作报告》，《中国纪检监察》2017年第22期，第6—15页。
④ 习近平：《习近平谈治国理政》，外文出版社2014年版，第388页。

第七章　新时代对正确处理人民内部矛盾思想的传承与发展

时要强化公开与监督，形成全方位的预防和惩治腐败体系。党的十八大以来，中央先后出台、修订和联合制定了《中国共产党廉洁自律准则》《中国共产党党内监督条例》等一系列规章制度与工作规划，实现制度建设上的与时俱进。有关调查显示，人民群众对反腐败工作成效的满意度由 2012 年的 75%增长到了 2017 年的 93.9%。[①]习近平清醒地指出，反腐败斗争的实际工作"必须常抓不懈，拒腐防变必须警钟长鸣……一个是要经常抓，一个是要长期抓"[②]。

党的作风建设是一项长期而艰巨的重要任务，作风上的问题也绝对不是小问题。如果不及时纠正，就会在党和人民群众中间形成一堵无形的墙，党也就失去了力量、根基和血脉，人民内部矛盾也就容易发生。所以，习近平强调，必须"坚持坚持再坚持，把作风建设抓到底"[③]。必须以抓铁有痕、踏石留印的劲头经常抓、长期抓作风问题，"要以人民满意为标准……让人民群众不断看到实实在在的成效和变化"[④]。

第四，加强和创新社会治理，以促进社会公平正义和帮助困难群众脱贫致富为重点，在保障和改善民生中推动共同富裕，为新时代从源头上预防和减少人民内部矛盾提供了保障。在地

---

① 李薇：《以坚如磐石的决心推进反腐败斗争》，《中国纪检监察》2018 年第 1 期，第 14—15 页。
② 习近平：《习近平谈治国理政》，外文出版社 2014 年版，第 386 页。
③ 习近平：《习近平谈治国理政》第 2 卷，外文出版社 2017 年版，第 165 页。
④ 习近平：《习近平谈治国理政》，外文出版社 2014 年版，第 387 页。

《关于正确处理人民内部矛盾的问题》精学导读

区、城乡、居民贫富差距等问题十分严峻的背景下，人民群众的实际生活问题往往容易成为人民内部矛盾产生的源头。毛泽东曾指出："一切群众的实际生活问题，都是我们应当注意的问题。假如我们对这些问题注意了，解决了，满足了群众的需要，我们就真正成了群众生活的组织者，群众就会真正围绕在我们的周围，热烈地拥护我们。"①习近平对此深以为然，他在中共十八届六中全会第二次会议上特地引用了毛泽东的这段话，指出我们要主动适应民生工作宏观环境和内在条件的新变化，按照"守住底线、突出重点、完善制度、引导预期的工作思路，从人民群众最关心最直接最现实的利益问题入手"②，提高社会治理的能力与水平，统筹做好各方面的民生工作，特别是要注意两个方面。

首先，要通过制度安排、机制体制创新等促进社会公平正义。中国社会历来都有"不患寡而患不均"的观念，虽然由于阶级阶层、历史阶段及认识水平的不同，人们对社会公平正义的理解和诉求可能会有差异，但随着社会的进步，"人民群众的公平意识、民主意识、权利意识不断增强，对社会不公问题反映越来越强烈"③。综合来看，造成社会的不公平、非正义现象的原因主要有两个，一个是经济社会发展水平不够，另一个是机制体制未建立或不完善。因此，我们既要不断推动经济

---

① 《毛泽东选集》第 1 卷，人民出版社 1991 年版，第 137 页。
② 习近平：《习近平谈治国理政》第 2 卷，外文出版社 2017 年版，第 374 页。
③ 习近平：《习近平谈治国理政》，外文出版社 2014 年版，第 95 页。

第七章 新时代对正确处理人民内部矛盾思想的传承与发展

稳步发展，不断做大"蛋糕"，为实现社会公平正义奠定坚实的物质基础，又要尽量营造公平正义的社会环境，分好"蛋糕"。特别是在改革发展的红利和成果不断释放的情况下，要加快推进民生领域机制体制的改革和创新，促进公共资源向薄弱地区、薄弱环节倾斜，使全体人民更为公平的共享改革发展的成果。"如果不能给老百姓带来实实在在的利益，如果不能创造更加公平的社会环境，甚至导致更多不公平，改革就失去意义，也不可能持续。"①所以，社会公平正义好比一面镜子，我们要时常"照一照"，不断地改进和创新社会治理能力，同时，还应"健全社会公平正义法治保障制度"，特别是对于关系到群众切身利益的重点领域，要加大执法力度，"努力让人民群众在每一个司法案件中感受到公平正义"。总之，要"使我们的制度安排更好体现社会主义公平正义原则，更加有利于实现好、维护好、发展好最广大人民根本利益"②。

其次，要做好社会托底工作，加强普惠性、基础性民生建设，特别是帮助贫困地区的困难群众脱贫致富，推动共同富裕。习近平指出，社会治理要抓关键、抓重点、抓薄弱环节，特别是在"社会问题矛盾增多的情况下，尤其要履行好保基本、保底线、保民生的兜底责任。要从群众反映最强烈最突出最紧迫的问题着手，增强民生工作针对性、实效性、可持续性"③。

---

① 习近平：《习近平谈治国理政》，外文出版社 2014 年版，第 96 页。
② 习近平：《习近平谈治国理政》，外文出版社 2014 年版，第 97 页。
③ 习近平：《习近平谈治国理政》第 2 卷，外文出版社 2017 年版，第 363 页。

《关于正确处理人民内部矛盾的问题》精学导读

一方面,要在保证财政等公共资金配置使用向民生领域倾斜的情况下,针对群众最关切的医疗、教育、住房、养老等问题发力,特别是对特定人群特殊困难要加强帮扶。例如,对供给侧结构性改革过程中的下岗职工,要"更加关注就业问题,创造更多就业岗位,落实和完善援助措施,通过……多种渠道帮助就业困难人员尽快就业"①,等等。党的十九届四中全会在会议公报中也进一步强调:"必须健全幼有所育、学有所教、劳有所得、病有所医、老有所养、住有所居、弱有所扶等方面国家基本公共服务制度体系,尽力而为,量力而行,注重加强普惠性、基础性、兜底性民生建设,保障群众基本生活……满足人民多层次多样化需求,使改革发展成果更多更公平惠及全体人民。"②另一方面,习近平强调:"各级党委和政府要把帮助困难群众特别是革命老区、贫困地区的困难群众脱贫致富摆在更加突出位置。"③改革开放以来,我国人民生活水平虽然总体上已经有了很大的变化,但困难群众的数量仍有不少,因此帮助困难群众脱贫致富就成了我们工作的必然要求。就我们实现全面建成小康社会的目标和任务而言,目前任务最繁重、最艰巨的就是农村地区,特别是农村贫困地区。正是基于这些因素和现状,党的十八届五中全会明确提出到 2020 年要实现脱贫攻坚目标。在扶贫"怎么

---

① 习近平:《习近平谈治国理政》第 2 卷,外文出版社 2017 年版,第 363 页。
②《中共中央关于坚持和完善中国特色社会主义制度 推进国家治理体系和治理能力现代化若干重大问题的决定》,2019 年 11 月 6 日,http://cpc.people.com.cn/n1/2019/1106/c64094-31439558.html。
③ 习近平:《习近平谈治国理政》,外文出版社 2014 年版,第 190 页。

第七章 新时代对正确处理人民内部矛盾思想的传承与发展

扶"的问题上,习近平建设性地提出了发展生产脱贫一批、易地搬迁脱贫一批、生态补偿脱贫一批、发展教育脱贫一批、社会保障兜底一批的"五个一批"工程思想,并对深度贫困地区的脱贫攻坚战作出了一系列工作部署和要求。他反复强调:"扶贫工作必须务实,脱贫过程必须扎实,脱贫结果必须真实……一切工作都要落实到为贫困群众解决实际问题上"①,获得群众的支持和认可。

习近平着重指出,我们要始终坚持以民为本、以人为本,把"人民是否真正得到了实惠,人民生活是否真正得到了改善,人民权益是否真正得到了保障"②作为我们一切工作的检验标准,把关涉到人民利益的工作抓好抓实,"推出的每件事都要一抓到底,一件事情接着一件事情办,一年接着一年干,锲而不舍向前走,做到件件有着落、事事有回音,让群众看到变化、得到实惠"③。

通过上述的梳理和分析可以看出,以习近平同志为核心的党中央承续了毛泽东的人民内部矛盾思想,进一步深化了邓小平、江泽民、胡锦涛等的有关思想,并根据新时代国内外形势进行了一系列的探索和创新。习近平新时代正确处理人民内部矛盾思想的形成与发展,也反映了改革开放的事业、中国特色社会主义理论体系的生成,与毛泽东所开创的事业及毛泽东思想是一脉相承的。

---

① 习近平:《习近平谈治国理政》第 2 卷,外文出版社 2017 年版,第 92 页。
② 习近平:《习近平谈治国理政》,外文出版社 2014 年版,第 28 页。
③ 习近平:《习近平谈治国理政》第 2 卷,外文出版社 2017 年版,第 361 页。